エロティックでロマンティックな人生のために

対談構成　安楽由紀子

序章

私たちは恋愛も結婚もセックスも楽しめなくなった

日本に蔓延するセックスへの絶望

湯山　まず、二村さんとは、セックスに対する絶望について話したいですね。好きモノのふたりが対談するならば、セックス礼賛となりそうなんだけど、これが違うんだなぁ（笑）。いくらAVが会話に出てきても恥ずかしくない程度に一般的になり、セックスレス、童貞率の増加を憂いながらも、世の中全体は「セックスは、無理して自分の人生に取り入れなくてもいいんじゃないか」とあきらめの傾向にあると思う。実際、この国は長い間、女性は、子を産んで、いい母になることが望ましいという世間の空気のもと、セックスの楽しみはなくてもいい、「お勤め」ぐらいに捉えていたほうが、いろんな〝間違い〟がなくて安全かつ安心とされてきましたしね。

二村　僕は、どちらかというと、みんながセックスも含めた「恋愛」に絶望しかけているか、恋愛に伴う「面倒くささ」にお腹がいっぱいになってるんだと思います。女と男というのは理解し合えない、それぞれにとっての都合が異なるというのは昔から定説でしたが、その「理解できなさ」や「都合」を超えるような恋愛することのメリットもかつてはあった。そこを超えることが「大人になること」でもあった。でも今や、女側にも男側にも、そのメリットが薄くなっている。確かに古くからの家父長制は、家の中にいる女にも、家の外にいる女にも、固定された役割を課します。日本では、家の中にいる女、つまり「母」や「妻」や「娘」に、そもそもセックスを楽しむというイメージがない。

湯山　もちろん、「妻」はセックスを楽しんでもいいんだけど、夫のほうはだんだん性欲に自覚的になっていく妻に応えてあげる能力も気もありませんからね。パートナー同士でセックス関係の次のステップに行く努力をしない。夫は子どものお母さんになってしまった「妻」と、妻のほうもお父さんになってしまった「夫」と、セックスする動機が見つからない。キリスト教圏ではそこのところを「結婚の義務」としてモラルに従った努力で乗り切っているけれども、イエの論理だと、女は自分の中の性は煩わしいもの、面倒くさいものとしておいたほうが、何かと便利。逆に目覚めてしまって不倫などのタブー行動を起こしたら、今の風潮では、家庭を崩壊させる大原因になる。

二村　世間はどんどん不倫に厳しくなってますからね。

湯山　今、少子化の危惧から、家庭や家族という血縁がまたクローズアップされていますが、かといって、夫と妻が男と女として強力に身も心もパートナーシップを作り上げる、という理想的な、でもとっても面倒くさい正論にはいかず、明治時代の女学生たちが宝塚に入れ込んだように、生身の夫ではなく、ファンタジーにエロスを投影させて我慢すればいい、となっている。その流れが、より強くなってきている気がするんだよね。

二村　男性の草食化、一般男子のオタク化はずいぶん前から言われてますが、女性の側も、韓流やジャニーズにハマる奥様、ボーイズラブ（ＢＬ）はもちろんエロゲーまで嗜《たしな》む女の子たちが増えている。それで充足できているわけだから、ヤリチンにひっかかるよりは全然いいとは思うけど……。コンテンツ愛が充実した人にとっては、現実のセックスや恋愛のほうが貧しく、わざわざする価値なく感じられてしまうというのは男女ともにありますね。

湯山　そうなんです。セックスはどうしても自分の肉体というコンプレックスの温床をさらけ出しちゃうからね。それは、美少女と肉体美だらけのAVの影響は無視できない。「私メなんぞは、セックスなんてやれそうにもありません」という諦観を今は、10代のころから持ってしまう傾向にありますよね。

二村　自己受容感の低い人は、比べなくていいものと自分を比べてしまう。

湯山　一方、バーチャルの性コンテンツは、そんな現実に満たされない性欲エネルギーが、すべてファンタジー化したものだから、微に入り細に入りだし、強度も豊かさもハンパない。

二村　AV監督である僕が言うのもどうかと思いますが、AVは男性のファンタジーを強固にしているだけで、少年たちのための性の教科書になり得ていないのは間違いありません。

14

湯山　女子に備わっているミソジニー（女性や女性らしさに対する憎しみ）も、「子どものままでラクでトクしたい」という幼児化の風潮を受けて、より強くなっている気がします。日本女性たちのほとんどは、思春期になって勝手におっぱいが大きくなるのを、「女になって、これからガンガン女性性を謳歌できるのよ」と肯定的には捉えることができない。イタリアやフランスの映画なんかを見ると、そういう空気が社会の中に自然とあることに驚かされますが、日本はそうではない。それよりも、男たちから性的な目で見られることの暴力に身構えなければならなくて、その不自由さから自分の女性性を憎むようになるんですよ。そもそも、これだけロリコン系の性的事件が多い現在は、成長期以前から、女の体で生まれてきたことがそもそもダメだ、ぐらいに自己嫌悪せざるを得ない。私が教えている日本大学藝術学部の女性たちにミソジニーについてテキストを書かせると、かなりの高率で「女の体が鬱陶しい」という意見が出てきます。というように、もともと女は女の体であることを乗りこなせない下地があるんだけども、さらにセックスとなると、そこに肯定感やおトク感が見いだせない。なぜなら、他人である男が自分の体を受け入れてくれ、愛してくれる保証はどこにもないから。

二村　自分の体へのミソジニーというのは、そもそも母親が女の子に性を禁じたり、女性として成長してきた体を父親や世間の男が性的な目で見たりして、まあ多くの女の子が普通に持たされてしまうわけですよね。女性性嫌悪を持たされずに育ち、セックスを楽しめる大人に成長できる女の子は幸せで、それは日本では圧倒的に少数です。その呪いを解くのが、要するに童話でいう王子様のキスだった。好きになった男から「僕はキミが好きだ！　キミとセックスしたい！」つまり「キミの肉体には（僕にとっての）価値がある！」と言われることで、自分の体を肯定できていた。ところが現代の恋愛事情下では、女の子が好きになるようなイケメンは、最初からモテてしまっているから「自分から女を愛する技術」の練習ができていない。性欲は足りていて礼節を知らない相手ですから、ろくなセックスができないわけで、女性はますます自分の体を好きになれない。一方、体を一瞬は肯定してくれるヤリチンからはセックスするだけで恋人にはしてもらえない。いわゆる非モテ男子からはモテたってうれしくない。だからますます自分の女性性が憎くなって、そういう女性たちがセックス嫌いになったり、恋愛嫌いになったり、ヤラせないことで男心を弄《もてあそ》ぶサークルクラッシャーになったり、セックス依存なのにオーガズムを感じられないヤリマンになったりする。そこまでいかなくとも、世の中に流布している〝美しい女〟や〝エロい女〟や〝モテる女〟のイメージと自分とを比べてしまって自分の女性性がイヤになり、「どうせ私なんかに男が欲情するわけがない」「私なんかで申し訳ない」と最初から萎縮している女性たちも多いです。

湯山　女のミソジニーは根深いですよ。でも、男性もセックスに相当、絶望しているんじゃないかな。前戯があって挿入して果てて終わりという一連の行為自体に、何か疑問や迷いがよぎっている人たちといいますかね。よく、男性は行為の後、ベッドでタバコを吸いながら「あんなに熱心にこの女を落としたんだけど、ヤッたらこんなものか」というニヒリズムに陥ったものだけれど、それが今どきはヤル前からその境地、と聞く（笑）。セックスしたら、次もふたりで工夫してもっと深めてみようという作法が私たちの世代ではあったんだけど、今はあまり気持ちよくなかったら、もう相性の問題として次の人に行っちゃう傾向がある。「一回こっきり」で終わって、男性お得意の「数の競争」にハマる男が多いんじゃないかな。

二村　男の側のミソジニーも強くなってますね。セックスできる男と、できない男の二極化が進んでいるけど、セックスできている男の中にも、女性への興味じゃなくて「セックスできる自分は男として偉い」という気持ちを維持したくて、数を稼ぐことを目標にしてしまっている愚かで不幸な男が多い。そういう男は、自分にひっかかる女性を心の底で見下しているというか……。愛を約束し合わなくてもいいけど、関係した相手の中に異性への軽蔑や憎しみを感じとっちゃったら、そりゃあ「二回目したい」「また会いたい」という気にならないですよね。周囲から祝福された恋人でも夫婦でも、道ならぬ浮気の関係であっても、どちらにせよセックスをすることは「共犯関係」であるはずなんだけど、そうではないケースが増えているのだと思います。

湯山　セックスが「共犯関係」とは、面白い。それはよくわかる。共犯というのならば、どちらも「私がアナタとしたくてやった」という責任を共有するのだけど、それが嫌なんでしょうね。たまたま、とか、ノリで、とか、本気じゃない言い訳を必ず作る。「セックスしても、信頼を受け渡さない」という防衛本能ですね。

信頼しても、裏切られることがある、というのは、大人の男女の性愛作法なんだけど、そこに耐えることができない、おこちゃまなハートばっかり、という。

二村　その言い訳は、ナンパ師やヤリチンを自称する男たちも同じ。それと、真面目に付き合っているふたりでも早い時期にセックスレスになっちゃうケースも多い。恋愛にしてもセックスにしても、できている男たちにとっては「あらかじめ結果がわかっちゃっていて、感動がない」ということなんですかね。

湯山　そうそう、セックスがわかっちゃった気。これ、深いな。今さ、ほとんどの人が、自分の人生についても「あらかじめ結果がわかっちゃっている」モードに入っていて、努力の前に思考停止しますからね。「どうせ……」という気分。

二村　わかった気になっているから、ヤリチンは、ますます数の勝負になる。相手の女性がエロい状態になっていても、それは本当に気持ちいいからではなく、ポルノをなぞっているように見えるんじゃないですか。実際に、男性を喜ばせるために、あるいは、そうしないと終わってくれないから〝イッたふりをする〟という女性が、とても多いですよね。そうなると男性は「ああ、これもうAVで見たわ」となっちゃう。

湯山　もう見知ってるし、あまり面白くない、と。

二村「セックスの喜び」から遠ざかるばかりですよね。それは予定調和的なポルノしか作れなくなっている我々ポルノ業者の責任なのかもしれない。みんな、変態になりたくないのかな。かつてタモリさんは「人間のあらゆる性的行為は変態行為である」って言い切りましたけどね。そんな中で、自分に自信がなくて承認欲求の強い女性を引っかけるのはわりと簡単。その人特有のことではなく、あるフォーマットにのっとった行為だから。それでセックスに至っても感動がないんだと思います。

湯山　二村さんは、AV監督で、いつもセックスしてらっしゃるわけですよね。セックスは大事な仕事であったとしても、それを否定していいと思うし、それでもやはり「セックスはしたほうがいい」ということなら、説得してほしい。私自身、今、戦線離脱気味だからさ（笑）。

二村　僕は昔、AV女優さんを自分の作品のために、うまく精神的にコントロールすることに熱中していました。やりがいもあったし、楽しかったんです。ところが最近、憑《つ》き物が落ちたように女性たちを「支配する」ことに興味がなくなったんです。

湯山　それ気になります。私はね、『劇場版 テレクラキャノンボール 2013』（カンパニー松尾監督。2014年公開。AV監督5人が、テレクラやナンパで出会った素人女性とセックスし、それをカメラに収めて点数を競うという内容。略称「テレキャノ」）を見たとき、作品にというより、それを成立させている男性の「セックスにおける支配性」に大激怒したんですよ。わかってはいたんですが、身にしみたのは作品が良かった、ということなんだけど。作品自体はセミドキュメンタリーで、セックスエンターテインメントとして、面白いものに仕上がっている。しかし、「女を軽蔑することが男の欲情のトリガー」であることとか、「男同士のホモソーシャル集団で認められるために、ヤル相手の女性のモノ化がどんどんエスカレートしていく」ことばかりが私には刺さりまくった。男の支配性なんてよーく知っているはずなのに。そして、普通の男たちがこの作品にここまで喝采を送るのか、と驚いた。また、それを「ほほえましい」などという女性もいて、「男子の部室をのぞき見しているみたい」だとかさ。そりゃそうだろうけど、その部室になぜ、女の自分が遠ざけられているか、そしてバカにされているかというダークサイドを自覚できないのは、迂闊《うかつ》すぎるよね。二村さんは「支配」に興味がなくなった、と言うけれど、「テレキャノ」をヒットに導いた、男による女の支配と軽蔑の力学は、どう考えますか。

二村　「テレキャノ」は、さっきの話で言うと、予定調和的ではない。現在のAVの主流である「ファンタジーとしてのセックス」ではなく、セックスを美化する内容でもない。だからこそ劇場公開映画として、AVマニアではない層にまで届いた。それは「セックスなんて一皮むけば、こんなに残酷なものなんだ」ということを見たがっていた層、それこそ男の都合と女の都合の食い違いにうんざりしかけていた層だったのかもしれません。恋心でもなければ性欲ですらないものが、男たちの「セックスする動機」、女たちの「させる動機」として描かれます。ある女性が「テレキャノ」を見て、「私たちも、これとたいして違わないことを恋愛やセックスでやっているのかもしれない……」と洩らしていました。

湯山　「テレキャノ」は女の子におカネを払って、セックスする取引ですが、現実の男女関係も取引である、とね。確かに、女は男の軽蔑を引き出してその気にさせるのが一番手っ取り早いんで、バカのふりをし、不思議ちゃんになってみたり、ブリッコを装ったり。そうすれば、男は自分に大興奮してくれて、ホットなセックスをやってくれて、つまり自分が認められる、という取引ですよ。その延長線上には、女の取引としては最大級の結婚まで見通せる、というわけです。女性による「バカの擬態」はこの世の隅々まで行き渡っている。

二村　擬態だと気づいている男もいるとは思いますけどね。

湯山　言葉をソフトにするならば「女のかわいげ」っていうヤツ。要するに、女を導くことができる男に守られて、その子どもを産みたい女、という伝統的かつ、かなり強い物語に男も女も荷担して、嘘だとわかってもやり切るプロレス感が、今の恋愛の真相だということです。ちなみに、若くて体もきれいな女の子たちは、この時代、不安をじっくり自分の中で一つひとつ解消する心の強さはなく、また、情報過多の時代にそんな時間もない。結果、手っ取り早い承認欲求のためにバカで性格がよくて、かわいい女の子という擬態に走る。そうすると、精神的にも支配、被支配の物語を作りやすいから、それに乗っかって、男はマウンティングすればいい。恋愛するには格好の相手ですよねぇ。

二村　僕は近年、その支配・非支配による恋愛関係にウンザリするようになっちゃったので、全然ステキに感じられないんですよ。湯山さんが男の暴力性に萎えておられるように、僕は女性の承認欲求に萎えています。

湯山　ふーん。今はウンザリしていても、かつてはそこに乗っかっていろいろあったわけでしょ？　この対談の核心部分としてのっけから突っ込んでいってもいいスか？　承認欲求ギャルは、どういうコミュニケーションをしてくるの？

二村　極端な例ですけど、サブカル的なイベントの打ち上げで登壇者とお客が居酒屋で飲んでるとしますよね。すると、そういう場所で名刺を配りまくるようなお客さんで、なおかつエロい感じ、ゆるい感じ、サブカル男ウケを狙った感じ、いわゆる「童貞を殺す服」を着てる感じ、単に下品な感じ等の女性が、気がつくとサブカル文化人である中年男性の膝の上に座っている。

湯山　うへぇ。そんな場所に私を呼ばないほうがいいよ。その女の膝の上にさらに乗っかって中年サブカル男もろとも、圧死させせかねんわ（笑）。

二村　湯山さんはそもそもそんな飲み会に呼ばれませんよ（笑）。お酒が回ってくると「その場の偉い男が自分に性的な関心を持ってくれる」ことにこだわりを持ってる女性は、密着してきますね。そうでない女性は「私なんか〜、ダメな女で〜、どうダメかというと〜」と自虐の弾幕を張ってきます。「私は女として魅力的じゃないということを、自分でよく知っております」という予防線を。

湯山　ふーん、その後、会話はどう展開するのかな。女性の自分語りが始まる？

二村　密着女性も自虐女性も自分語りが始まるんですが、それはどちらが言わせてるんだという話で、だから中年モテ男のほうも悪いんです。「俺はお前のことをわかってるよ」と男は言っているし、女の側はそう言わせている。

湯山　自分語りが始まって彼氏やセックスの話になって、「本当は私、セックスで感じたことないんですよ」とか、絶対に言い出すでしょう。これは男にとっては、チャンスボールが来た（笑）。

二村　はい、的確に入りましたね。こういう話の流れで「ワタシ、イッたことがないんです」って言う人、多いです。「感じたことがないんですよ」と言われたら、中年男性としては「それはキミ、付き合ってきた男が悪いよ」となりますね。

湯山　そうすると、女の側は、「え〜、本当？　実は私、男運悪いんですよ」みたいなことを返しますよね。もう絶対！

二村　２００パーセントそうなりますね。

湯山　「聞いてくださいよぉ、彼氏すげえＤＶで〜。私のこと殴らないと勃起しなくて、でも私もそれあまり嫌いじゃなくて〜」って、微に入り細に入り話し出すはず。そしたら？

二村　そしたら「僕の理論で言うと、それはキミの心の穴だね……」という講釈が始まるわけです。

湯山　わははは。二村さん、「心の穴」って、二村ヒトシの重要フレーズじゃん（笑）。

二村　定石です。「そういう男に惹かれてしまうキミの中に問題があるんだけど、キミは本当はそんな子じゃないだろう」

湯山　と、ここで女はちょっと涙を浮かべたりするわけよ。

二村　「なんでそんなに私のことがわかるんですか」と煽《おだ》ててくる人もいるけれど、そこで泣き出す人もいますよね。

湯山　そうなったときその次は？

二村　泣くのに対して、怒ってみせるというか、きついことを言いつつ、すかさず「泣いてるキミは見どころがある」と上から目線で言う。

湯山　ああ、そうか。キミは一見フツーの女だけど、本当はフツーじゃない、という、格別甘い承認の言葉。

二村　そうそうそう。

湯山　「あなたは特別だ」ってエールをもらっちゃ、大股開きますよ。

二村　これが、承認欲求の強い女性から恋をされる技術ですね。

湯山　ありがとうございます。あとは、このバリエーションの引き出しをいかに作るかで、承認欲求女、入れ食いでしょう。

二村　いや、気持ち悪いですよ。それって結局、お互いが自分に酔うための論理というか……。

湯山　岡田斗司夫《としお》さんも、頭良いだけに、この手口に長《た》けていたんでしょうね（ツイッターによって岡田斗司夫氏に愛人が多数いることが判明した）。

二村　そう。俺じゃなくても、話が通じるサブカルえせインテリだったら、岡田斗司夫さんでも誰でもいいだろ、という話ですから。つまり、岡田斗司夫さんがキモかったおかげで僕は自分のこともキモくなり、ついでに「私はエロいとか恋愛体質だとか自称しながら、実は承認欲求を満たすためだけにセックスや恋愛をしている女性」のこともキモく感じるようになってしまった。

湯山　二村さんにとって、岡田斗司夫愛人事件は大きかったんですね（笑）。

二村　はい。

湯山　ギャグじゃなくて。

二村　ギャグになってなかったですよね。あの件が明らかになったのは2015年の1月1日でしょ。ここで現代の男女関係にひとつのクサビが打ち込まれたと思いますよ。岡田斗司夫さんってそこそこの金や地位を持ってしまった「かっこ悪いのに男性性だけ強い男」の典型であり、醜さの根源態じゃないですか。

湯山　言い切りましたねぇ。でも、岡田斗司夫じゃない男が、この世にいるのだろうか（笑）。

二村　岡田斗司夫さんじゃない男性もたくさんいると思いますが、少なくともある時期の僕は岡田斗司夫さんでした。あの典型的で醜いことを「ああ、俺たちも同じように、やってきたんだ」と思った男性は多いはず。湯山さんの言う「暗黒文化系女子」たちに恋される技術を無意識に使っているうちに、経験則で自分の狩り場はここだってことがわかってくる。

湯山　そうね。モテ系を自称する文化系男子は、簡単な釣り堀で糸をたらしているだけ。

二村　セックスや恋愛を承認のために使うということは、それってそもそも他者への愛じゃないし、性欲ですらないですよ。現代ではセックスや恋愛と承認欲求が切り離せなくなってるのかもしれませんが。

湯山　男の場合は、権力欲求ってことだよね。

二村　女性にしてみたら承認欲求であり、男性にしてみたら人を支配する権力欲求。若い男の中にも自己肯定感を得るために一生懸命ナンパしてる人がいるけど、ここを押したらやれる、ここを押したら泣く、ここを触ったら感じるというスイッチを押しているだけ。本当は女性一人ひとり性感帯は違うはずなのに、女性もここをこうされたらこうしなきゃいけないみたいな機械になっていて、そのことにシラけてるんじゃないでしょうか。それに承認や支配のためにセックスや恋愛を使う男女って、同時に被害者意識も強い人だと思う。と、他人事のように分析していますが……。

湯山　先ほどの私とのロールプレイングも、なぜできたかというと……。

二村　はい。僕自身、身に覚えがあるからです。

湯山　その定石でプレイをしていたことに対して、二村さんはもはや、シラけてしまった。

二村　そうです。今は、恋愛についてじゃなくて、男女それぞれのオーガズムについての研究を深めるほうが楽しいし、実りがあると思っています。

自分の中の暴力性を嫌悪する男たち

湯山　カンパニー松尾監督の『劇場版　テレクラキャノンボール　２０１３』は口コミで人気を博して、どんどん広がりましたが、中には嫌悪感を持つ男性がけっこういたことも興味深い。私の周囲でもいた。暴力や女性を貶《おとし》めることに快感回路を使うことに抵抗や罪悪感がある男たち。彼らが「もう、セックスはいいよ」と言ってる気もするんです。自分の興奮材料が、女性蔑視だと気がついて、そこに自己嫌悪してるというか。

二村　僕は「テレキャノ」を劇場で見て、ＡＶとしても映画としても「どう考えても傑作だ」と思いながら、やや寒い気持ちにもなっていました。昔から松尾さんやバクシーシ山下さんが監督するAVのファンでもあり、ただし当時は、こっちはまだ監督として売れてませんから、羨望の気持ちも持ちつつ、レンタルビデオで借りてひとりでオナニーしながら、あるいは作品の毒に当てられてオナニーできなくなりながらひとりで笑って見ていたわけです。ところが「テレキャノ」は、映画館で多くの男女がゲラゲラ笑っている。寒い気分になったのは「これ、みんなで笑って見るものじゃないだろ」と思えたからです。「家でオナニーしながら、被写体の女性たちのありさまにゾッとしながら、それでも笑っちゃう自分に自己嫌悪しながら、こっそり楽しむもんだろ」という気持ちです。そこには湯山さんの言うような、僕の男としての罪悪感、男が女性の価値を判断してしまう暴力性への嫌悪感もあった。

湯山　そうね。みんなでゲラゲラ笑う、あの映画館の雰囲気には、戦時下の性暴力の現場すら思い至っちゃったからね。

二村　カンパニー松尾さんって魅力的な男でしょう？　いい意味で「男っぽい」というか、彼の中には「いい女とエロいセックスをして美しい映像にしたい。面白いAVや映画にしたい」という意思があるだけで、僕みたいな「女優をコントロールしたい」という気持ちが、たぶんないんです。ないように、僕には思える。そういう監督が美しい女優を撮ると美しいAVになって、「素人の女性たちvs男のハメ撮り監督たち」を撮ると、いろいろむきだしの映画になる。松尾さんは暴力性とかディスコミュニケーションを、肯定や賛美してるわけじゃないとも思う。

湯山　ドキュメンタリーとして、男の「自然」がそのまま映っちゃった、というわけだよね。

二村　僕は、女と男の間の溝に橋を架けられるようなセックス、女と男が仲良くなれるセックスが、まだ、どこかにあるんじゃないかと思ってるんですよ。湯山さんは「テレキャノ」から年配の女性への侮辱を感じ取られたわけですけど、でも、実際の男女がセックスを盛り上げるためには、やっぱり男に暴力性があったほうがいいと思われるんですか？

湯山　そこが悩ましいところで、襲う性、オス性の魅力は、文化的に女性に相当刷り込まれているので、ほとんどの女性はセックス時のプレイ的な男の暴力性は嫌いではない。でも、それは都合がいい暴力性で、「オマエが愛おしくて、欲しくて辛抱タマラン」という愛という名のスウィートな暴力。その暴力に油を注ぐべく、生まれたての子鹿のように震えて、おののく、という女性側の演技も含めてね。問題は暴力装置による男女の支配・被支配の関係が、もう血肉化されているから、そうしたポルノでオナニーしてきた私たちに、果たしてそうじゃない第三の道があるのかという話ですよ。私の年だったら暴力性や被支配性が、まだ相当強く欲情ファンタジーとしてある。ちなみに岡本太郎の養女だった岡本敏子、実はパートナーだったのだけど、彼女が晩年に著した自伝的小説『奇跡』の中で、岡本太郎をモデルにしたと思われる男性と主人公のセックスでは、襲う性である男の官能性を描いていていてなかなか読み応えがあった。

二村　男が女を押さえつけてくるセックスのほうが、女は燃えるっていうことですか。

湯山　そう、燃えるということです。侵食されちゃってる。その一方で、江國香織原作の映画『スイートリトルライズ』（2010年公開）は、お互い不倫をし合っている夫婦を描いているんだけど、夫婦間はセックスレスなのよ。そのわけとしては、セックスを夫婦愛を確かめるものに使いたくないという関係性が浮き彫りになっていて、新鮮だった。男の基本となっている暴力性、アグレッシブさ、軽蔑欲情装置を妻に対して使いたくない。そういった暴力性に嫌悪感を抱いた男の心には何があるのか。

二村　「嫌われたくない」ということでは？

湯山　違うと思う。嫌われたくないんじゃなくて、ケンカ上等、暴力に親しまなければ男ではない、という「男らしさ」に嫌悪感、というのに近いと思う。

二村　いわゆる昔から言われている「男らしさ」を拒否してるんでしょう？　僕はそれは全然悪いことではないと思うんだけど、そのせいでセックスの数が減ってるってことですよね。

湯山　それだけ、男の支配性、暴力性はセックスに不可欠だったというわけですよ。

二村　うーん……。「支配できなければ勃《た》たない」というより、男は「自分というものを崩されると勃たなくなる」んじゃないですかね。僕はソフト・オン・デマンドというＡＶメーカーで監督志望の若い社員に「エロとは何か」を教えているんですが、新卒入社の男子に童貞が多いんです。僕が若かったころも、アダルトビデオを作っていく上で童貞っぽい精神性が必要だというのはあったけど、今は本当に童貞。そして彼らは「ＡＶ業界に入ったんだから、あわよくば仕事で童貞を失ってやろう。そのためにはどうしたらいいか」と考えるズルさもない。童貞のままでポルノを作る気でいる。それが別に悪いって言いたいわけじゃなく、これからのAVは童貞が監督して童貞が見る童貞フレンドリーなものになっていく流れなのかもしれないけど、ひとつ言えることは、童貞をこじらせた男は、ひどくガンコで、プライドが高いんです。「それだと、お客の童貞を喜ばせられる作品は制作できないよ」って叱っても、こっちの言うことを素直に聞けない。もともと男性社会って、プライドを捨てなくてもセックスできる、むしろイバッている男のほうがセックスにありつける世の中だった。一見女性に優しいナンパな男も、ヤるために優しかっただけで、そういう男は自分を女性に崩されていたわけではなく、自分を通す（セックスする）ために女に優しくしていた。

湯山　そういえば、女性もセックスが苦手な人のほとんどは、自分を崩されることが嫌というタイプ。

二村　女性たちだって充分ガンコだけど、「ガンコさを崩されて、〝自分〟から自由になれたときに発情する」ってタイプの女性のほうが、セックスや恋愛を楽しめるわけですよね。それがだんだん時代が変わってきて、男性全員が順調に成長できるという夢が破れて、ガンコなままで自分を崩さない男は女に嫌われ、勃起してるのにセックスさせてもらえない世の中になって、自分を崩して女性と対等でありたいと願う優しい男が、愛する女や、心が通う女に対して勃たなくなっている。

湯山　そこに重要なキーがあるかもしれない。男たちが従来の発情システムと、現実の感情にズレが生じていることを感じ始めている。今までは、二村さんの本は啓蒙書として「セックスの世界へ来てください」という話だったけど、それ自体がもう成り立たないんじゃないか。彼らを説得する言葉があるのだろうか。彼らは、「モテたい」とすら思わないんですよ！

二村　そうですね。

湯山　先ほどの『スイートリトルライズ』の例がそうなんだけど、セックスしないと関係が深まらないということも幻想だと思われてきている。「テレキャノ」以降、私自身も「セックスはいいもの」という言葉には懐疑的になっています。まあ、更年期をすぎて、ホルモンのガソリンがなくなっちゃったことも大いに関係あるんだけどね。

二村　「テレキャノ」を見て絶望したということですか。

湯山　もともと私の中にあった感覚が、「テレキャノ」を見て「ああ、本当にこんな取引関係だったらいらねえな」と確信に変わったのよ。何度も言うようだけど、更年期すぎのホルモン減少で冷静になった今、男性からの軽蔑と暴力をM的喜びに変換してまで、セックスする必要があるのか、ということですよ。

二村　ああいうセックスには付き合えないってこと？　付き合う必要がないってこと？

湯山　軽蔑と攻撃性をゲーム化してSMにすればあるかもしれないと思っていたけど、「それすらももうないな」と。男性が持っているチンコたるものの攻撃性にどっちらけたというかね。それは案外、今の若い人たちのセックス嫌悪に図らずも近づいちゃったのかも。子作りのために仕方なくやるけれど、あとはセックスなんてないことにしたいっていう。ないことにしたいっていうのは、女の体を乗りこなせないからないことにしたいのとはまた別で、もっとピュアな、暴力という汚い世界を見たくない、見たくないからしないということかな。

二村　男性たちも、女性をヘイトする一部のネット民に同性のねじれた性欲を見て、気持ち悪くなっているのかもしれない。男の性欲はあんなにも醜いものを生むのか、と。

湯山　男の性欲は男にとっても気持ち悪いという学習は、ネット時代にもの凄く強化されたと思います。

二村　インターネットのせいで促されましたよね。いわゆる草食男子はそれに堪えられない。

湯山　堪えられないでしょうね。このモードが実はひょんなところに噴き出していて、大ヒットした映画『マッドマックス　怒りのデス・ロード』（2015年公開）がまさにそれ。全編カーチェイスの一大アクション映画なんだけど、近未来の環境破壊された世界で、水利権を掌握し、若い女を自らの子産みマシーンとしてハーレム化する権力者とその軍団の男たちは、全員、化け物のように暴力的で、醜く、キモく、競争心の塊。対して彼らと闘う女たちは美しくマトモで勇気があって、と、徹底的に男の世界を醜く描いている。監督は男性で、男が自らこんな醜い男の世界を描いてしまうところに、びっくり、自虐なのかい？　とかね。

「首を絞めて」と言う女性が増えている

二村　これはよく言われる話ですけど、昔はポルノは有料だったしアクセスするまでに手間も時間もかかった。すなわち、わざわざお金を払って、どうしても見たい人が見てくれていた。

湯山　障壁があったよね。

二村　今はほぼ無料で手に入ってしまうかわりに、見たくもないものも見えてしまう。グロテスクなものや相手の人格を無視するようなものが、ネット上に無料で無数にある。自分だけのどうしようもない、他人から見たら醜い衝動を大事にしまっておくという感覚がなくなり、共有されている。共有されたことで「自分だけじゃなかった」と救われた人もいるんだけど、それを目にしたときに「ああ、自分もこういう欲望を持っているかもしれない、気持ち悪い」と思ってしまう男性もいるのかな。

湯山　男嫌い、ミサンドリーですね。普通の男の子が暴力的なAVを見ちゃったときに「イヤ」と思いながら自分のチンコがちょっと勃っちゃったりして、理性とは別に反応してしまう体に嫌悪が生まれる。「こんな映像に対して勃つ俺の気持ち悪さ。だったらなくしてしまえ、俺から〝男〟というものを」となっちゃってるのかも。

二村　湯山さんは「ゲームとしてのSMすら、もうないな」とおっしゃいましたが、僕は、その暴力性が、女性が合意の上での、フィクションとしての暴力性だったらまだ大丈夫だと思うんです。たとえば女性からセックスの最中に「顔を踏んで」と言われる。そういうAV女優さんがいました。「私を悔しがらせて」と言った女優さんもいました。そのときは、お約束ですが「さっきはお高くとまっていたのに、こんなに感じまくりやがって」と僕が言ったら「悔しい……」と絶頂していました。

湯山　わははは。紋切り型だけど、効くときには効くね！（笑）

二村　エロかったです。ただし、これが問題だなと思ったのは、こっちは演技でやってたつもりが、だんだん彼女への軽蔑が芽生えてくるわけです。自分の中にある暴力性が動き出してしまう。それを望んでない他の女性に対しても同じことをやりたくなってしまうかもしれない。「ヤバい」と思いました。

湯山　身についた欲望回路は払拭できないからね。そこを理性で正すのが人間のあるべき姿。って、なんだか説教くさくなっちゃうんだけど。

二村　まだ僕は仕事でするセックスだから、撮影が終わると女優さんはケロッとして帰っていく。でもこれが実際の恋愛で、ずぶずぶの関係だったらどうだろう。セックス中に、安易に「首を絞めて」とねだる女性が増えていると聞きます。そうしないと感じないと言う。それに恐怖を感じる男性、あるいは自分にとってのセックスの常識を曲げて自分を崩すことに嫌悪を感じて勃たなくなる男性も多いと思う。

湯山　そうか、女性のほうがさらなる暴力性を男性に対して欲求している可能性はあるなぁ。ミサンドリーの時代の男は、男に絶望し、セックスに絶望する。「草食化」とは、単にセックスしないという意味ではなく、男による男からの逃走だと。

二村　変態性って、昔は、もうちょっと「おおらか」なものだったような気もするんです。さっき「性を承認のツールにするのは、まずい」という話をしたけど、たとえば太っていることに劣等感を持っていた女性が、太ってる女性しか働けない風俗店に勤めて、世の中には「太ってる女性でないと勃起しない男性」がたくさんいることを知って自己受容感を得て、そういう男性と結婚して幸せになったみたいな話もあります。これだって「承認」です。別に風俗店でなくてもいいんだけど、要するに「変態性とは、多様性の容認だ」ってことです。でも今の世の中で言われる変態性って、そういうテイストじゃなくなっている。女性をモノ化する傾向が強くなっている。他人の粘膜とか体液とか匂いって、確かに汚いものだけど、でも特定の好ましい他者である〝誰か〟の粘膜や体液や匂いだからこそ「味わってみたい」という欲望も出てくるんじゃないかな。それはとても人間らしい行為だと思う。

脳化するとセックスができなくなる

湯山　50代半ばになる私がセックスを取り戻すにはどうすればいいか。何度も繰り返して恐縮ですが（笑）、長年慣れ親しんできた下から突き上げてくるホルモンがない。これは男とは根本的に違うと思うんだわ。男はずっと勃起できるようなホルモンがあるから。女は本当になくなる。これ今まで、女たちの間でもうやむやにされていたことだよね。逆に老いらくの恋愛は素晴らしいとファンタジー化されてきた。全共闘世代のマンガ家、弘兼憲史の『黄昏《たそがれ》流星群』に出てくる恋愛老女たちのように。

二村　いや、ホルモンは男性だって年を取るとなくなりますよ。でもプライドの高さや承認欲求でセックスしないではいられない年配の男の多くは、自分の勃起を「自分そのもの」として捉えているから、バイアグラを使ってでも無理やり勃てるんです。湯山さんは、どうしても挿入がなきゃいけないんですか。なくてもいいんじゃないですか。

湯山　そうね、なくてもいいって話になりますわね。

二村　オナニーもしなくなった？

湯山　頻度は昔より全然少ないですね。文化の力というか、エロ本を見たときに昔が蘇《よみがえ》ってきてやるけど、やっぱりイクまでの時間が昔とは全然違う。長くなってる。

二村　体が温まりにくくなってるんですかね。

湯山　なおかつ、途中でよく寝る（笑）。酒の量といっしょで、最近はおとなしいもんですよ。回春したほうがいいですかね。

二村　もうセックスはいいんじゃなかったんですか（笑）。本当は回春したくないんですか、どっちなんですか。

湯山　動機が見つからない受験勉強みたいっすわ。

二村　（笑）

湯山　動機がなかったとしても、受験勉強に勝たなきゃいけないと思うのは、老いへの恐怖。きっと、昔のようにめくるめくセックスをしたいと思ってるんだろうな。良かったときのセックスをしっかり思い出として記憶しているから。

二村　思い出しオナニーだと怖いんですか。

湯山　いや、それすらすでに思い出さなくなっている。脳のほうもヤバい（笑）。だけど、あの充実感は凄く覚えているわけよ。それを「もう一度」と思ってるんだ。

二村　今の湯山さんへの処方箋にはならないんだけど、長い時間軸で見ると、大人の女性が若い男性を教育することはできると思う。もちろん全員を引っぱり上げるのは無理だけど、一部のできそうな男の子に「愛を教える」っていうと美しすぎますけど、データではない「肌の触れ合い」みたいなことを一からちゃんと教えることはできるんじゃないかな。

湯山　なるほど。

二村　若手のAV男優を見ていると、撮影現場の数が増えているから彼らは何百人の女優と、売れてる人だと1000人以上の女優との本番を数年で経験しちゃうんだけど、上の年代の男優と違ってセックスがあっさりしている。今の撮影現場は、女優がイカない人だと、イッたふりをしてもらって男優が射精してそれで終わりだからです。昔は、どうしてもイカない女優を丸一日とか二日とかかけて、同じ男優がじっくり挑むみたいな撮影がそれなりにあった。今は、そういう撮影をする予算もないし、需要もない。そうすると若い男優は発射回数はこなせるんですが、チンコの硬さではベテランに劣ったりする。肉体の問題じゃなく、脳の中に「エロさ」のイメージが少ないからだと思う。でも、本当にスケベな男性、女性の欲望に応えることを人生の目的にするような男性が完全に滅びてしまうとは、やっぱり思えない。

湯山　ホント？　恐竜のように絶滅しちゃうのでは。

二村　滅びかけているのかもしれませんけどね。だからこそ、大人の女性が、若い男の子たちを見下したり劣等感を抱いたりするんじゃなくて、〝対等な人間〟になることで彼らを性的に教育していってほしい。ただ、かっこいい若者は、恋愛中毒の若い女の子と「つまらないセックス」をしていて、彼らなりに絶望しているようなんですよ。そういうんじゃない、まだあか抜けていない純情な男の子の中に、教育しがいのある優良物件がいると思うんだけど。

湯山　若い男の子は大好きだけども、私の今の人間関係には、恋愛が入る隙がないということだね。男性と食事をしても、もう会話でオーケー。今みたいに二村さんとの脳的なコミュニケーションで満足してしまう。その昔は「ああ、このヒト、腕のラインが素敵だわ」とか、言葉以外にもっと情報を吸い取れていたんだけど、今はもの凄く言語化しちゃってる。

二村　脳化している人が増えてきましたよね。湯山さんが特にしてるのかもしれないけど。

湯山　その通りだよ！

二村　言葉ばかり捉えていると、それ以外の、たとえば肌の情報などは入ってこない。でもその一方で、やっぱり肌の触れ合いを求めているわけでしょ。

湯山　そういう実体を目にしても、ドキドキやときめきすらない。最近、昔よりもデートが面白くないのよ。脳化しちゃってるから、40歳ぐらいのノってる男は仕事の話しかしないし。

二村　言語化できる情報じゃなくて「肉体がある」ということがわかればいいわけですね……。好ましい相手が「俺（私）の肉体で喜んでくれている」という感覚は、いいものですよ。

湯山　まあ、本当にもうちょっと痩せないとイカンのだけど、海外では70キロ以上の女性でもセクシーな人、いますからねえ。この私においても、日本の「人並み規範」に犯されてますよ。

二村　だから、恋愛やセックスから遠くなっている男女にも、自分の肉体についての気づきを得てもらえればいいわけですよね。

湯山　そうね。「自分がセクシーな存在である」「パートナーに対して自分がセクシーな気持ちになる」という感覚が取り戻せればいい。しかし、日本にその文化風土はないし。

二村　むしろ僕はセクシーな気持ちがありすぎて困っている。要するに四六時中スケベなことばかり考えているんだけど。普通の男性は、そこまでセックスが好きじゃないのかもしれない。

湯山　私も相当スケベだと思っていて、ゲッターズ飯田さんに占ってもらってもそう言われたんですが、それはホルモンのせいにすぎなかった（笑）。おソマツ。

二村　男は、自分の肉体が「女から見て性的なものなのだ、良くも悪くも」と、もっと自覚したほうがいい。

快楽で自分を異界へ連れていく

湯山　そもそもね、快楽に関しての素養がある人が男も女も少ないと思う。五感の中で聴覚と味覚が快楽に非常に近いところがあって、ゆえに、私は特にえせではなくて真の「音楽好き」な男女を信用するところがあるんですよ。一流と言われる音楽芸術は、エクスタシーに似た快感の境地に連れてってくれることがある。「何だこれは！」と体験したことがない快楽がある。「こんな神がかった表現があるのか」と思うことがある。私はその法悦が好きなんですよ。三島由紀夫はエッセイ『私の遍歴時代』で、音楽について面白いことを言っている。三島は実は音楽が好きではなかった。なぜならば、音楽は小説や美術のように自分がその作品に介入することができずに、完全に受容することでしか、その美を享受できない。その受け身のところが嫌で、マンボとかの通俗音楽しか聴かない、と。さすが三島センセイはわかっておられる！

二村　能動的な湯山さんだからこそ、受動性による「かけがえのない瞬間のオーガズム」を好むし、味わえるのかな。

湯山　そういう奇跡が起きるときがあるんですよ。「イッたー」というときよりも、その前後の時間を忘れる感覚というか。

二村　時間感覚を失う、やっぱり「意識が別世界に行く」のが大事なんですね。

湯山　グルメにもそういう瞬間がある。「すきやばし次郎」はランチでおよそ30分2

万5000円という、「どこのキャバクラだ」っていうような値段なんですが、悪口を言うつもり100パーセントで「次郎」に行って、あのヒラメの握りを食べた瞬間にそういった感覚を得た。今でも脳内にあのヒラメの部屋がある感じ。フランス料理の「カンテサンス」や「ピエール・ガニェール」にもそれがあった。快感は偏在してるんです。それを感じられない美食家というのは、実はうじゃうじゃいて、たいてい「俺は100軒フランス料理店に行ってます」と数の勝負に出がち。ある程度、数をこなさなければならないけれど、その数量は快感がわかる、ということの証明ではないのですよ。ここんとこ、さっきのセックスにおける回数自慢と似てるでしょ？

二村　それで言うと、今まで出合ってなかった、たまたま生活範囲に入ってこなかった〝普通のもの〟が、食べてみたら凄い強度だったってこともありますよね。北欧でパンとチーズをいっしょに食べると、めちゃめちゃ旨い。普通に安ホテルの朝食とかコンビニで売ってるパンです。ドイツもこれまた安いパンが旨い。その国の人にとっては日常の平凡な食べ物でも、僕にとっては旅先のものだから、触れるたびに、味わえる濃厚な快感にビックリする。セックスも、多くの相手とやればいいというもんじゃないし、誰とやったって平凡な行為だけど、同じ相手でもやるたびに何かしらの感動を得るというのが、いいんですよね。快感に感動できる自分でありたいと思う。

湯山　ちょっとスピリチュアルな言い方になっちゃうけど、異界というかアウラというか、そんなところに手が届く感覚を人生において持ったほうがいいですよ。

二村　まったく同感です。何かの外部刺激で起動される「心の中の、別の世界」には行ったことがあるほうがいい。行ったってちゃんと帰ってこられる。しかも、帰ってきた自分は、行く前とは変わっているから。

湯山　もちろん、そういう快感がなくても生きていけるのですけどね。セックスも子作りのためだったら、機能的で済むじゃないですか。しかし、私たちは進化してしまって、脳で快感がわかるようになってしまった。だったら、それは知っておいたほうがいいですよね。快感を恐れずに貪欲に積極的にならないと、セックス方面も楽しめないと思うし。

二村　もの凄くおいしい料理だったり、食べたことのない味だったり、凄い才能が作った芸術だったり、とんでもなく気持ちのいいセックスだったりが、この世じゃないところと繋げてくれる。そのことを知っている人は、強い人だと思いますね。それらをすべて経験しなければダメというわけでもないですし、それぞれのジャンルに向き不向きもありますけど……。

湯山　人間、どうせ死んでいくんだけど、でも、芸術とセックスは、その〝ただ死んでいくだけ〟という存在を超えるものでしょう。

二村　でも、だからこその難しさもある。「すきやばし次郎」は何カ月か前に予約してお金を払えば誰でも体験できるのかもしれない、お店で食べる一流の料理は芸術になり得るのかもしれないけど、セックスそのものは芸術ではない。優れたベテランAV男優たちのセックスに対する姿勢や情熱、その技術は目を見張るものがありますが、彼らと実際にセックスしたすべての女性に芸術的な感動を与えられるとは限らない。セックスは人間の関係ですから。

湯山　いや、同じですよ。お金を払えば食べられたり、体験できるのだけど、そこから芸術体験するには、受けるほうのコンディションや状況、開いた感性がいる。

二村　それと気をつけなくてはいけないのは、アディクトということがあるじゃないですか。「中毒」というより「依存」って言ったほうがいいかな。ジャンクなものにハマっていく。もの凄い神秘と出合うつもりが、心の穴を埋めようとすることにアディクトして、共依存関係に陥る相手とジャンクなセックスを繰り返してしまい、本当の快感と出合っているわけではないのに、「それが快感だ」と思い込んで逃れられなくなるということもある。

湯山　至高のエクスタシーは、自分も相手も溶け合って、滅私する感覚があるんだけど、ジャンク系はそこに支配の快感やナルシシズムなんぞの自己がべったり張り付いていそう。

二村　そうなんです。自己に酔うというのは、最初に話した「承認欲求だけで恋愛やセックスをする人たち」の気持ち悪さとも繋がる。

湯山　でもさ、アディクトの中から見えることもあるよね。

二村　あります。破滅から見えてくる景色もある。よいことばかり、前向きなことばかりでは得られないエクスタシーがあるのも事実。

湯山　だから、気持ちよさの問題は難しいんだよね。地獄を見ることもあるから。

二村　そういう快楽もあると知ってさえいればいいんじゃないかな。自意識による恋愛だって、人生の一時期、どうしてもそこに耽《ふけ》らなければならない季節もあるわけで。

湯山　快楽に対してはやろうという意志さえあれば、リーチできる可能性はあるよね。リーチできるノウハウも世の中に多く提示できる。それを二村さんと語っていきましょう。

第一章

自分の中の快感回路を探しに

ＡＶ男優とＡＶ女優では「セックス」にならない

湯山　セックスから逃走ぎみの今の男女の状況はわかった。その一方で私が興味があるのは、大衆の性のピュアな欲望のあり方がそのまま現れるＡＶの内容です。紋切り型のものがありつつも、その性のファンタジーの世界の豊かさは、凄いものがあるじゃないですか！

二村　僕は、女が男を犯す「痴女」、女と女がセックスをする「レズ」もの、女優に擬似ペニスを付ける「ふたなり」、美少年を女装させる「男の娘《こ》」といったジャンルのAVを制作してきました。共通しているのは「ジェンダー（性的役割）が入れ替わったり混乱したりしたほうがエロい」という思い。レズものを撮っていると、男優が出演する通常のAVよりも情熱的だと感じることがあります。男優は、撮影のための「からみ」は上手にこなしますけれど、感情がこもった「セックス」を女優相手にしているかというと、必ずしもそうではない。

湯山　えっ、そうなの？　けっこう気を入れてやってるんじゃないの？　そういう、女の体やセックスが好きな、好きこそものの上手なれ、なのでは？

二村　もちろん一流の男優の、女優への気づかいを含めた技術と集中力は凄いです。また女優さんは基本的にノンケで、バイセクシャルを自認している人は少ないですから、「女性同士のほうが男女でやるより感じる」なんて普通に考えたらあるわけない。ところが、男優と女優というのは、あんまり気持ちが入りすぎるとまずい、ということがある。男優と女優が撮影以外のところでもねんごろになるのは業界のタブーだからです。また女優さんはノンケだからこそ、好きでもない男優と本気のセックスはしにくいというのもある。だからこそ一流男優には「撮影のカメラが回っている間だけ惚れて、惚れさせて、しかも後に引きずらせない」という瞬発的な陶酔能力が要求されるんですが。さらに、今のAVはユーザビリティが高すぎるというか、女優が男優相手にラブラブなセックスをしてしまうと視聴者が嫉妬するという現象も起きる。

湯山　へぇー、嫉妬ね。

二村　現代のAVは、お客さんのオナニーの邪魔になるものを徹底的に排除する方向に進化している。それをつきつめると男優に個性はいらない、心は込めずにチンポだけ勃てておけ、女優は男優のほうを見ずにずっとカメラ目線でセックスしろということになる。それで不自然に見えないような、男優の手と下半身だけを使って、ユーザーが女優とセックスしているような気分になれるカメラワークも研究開発されています。しかしポルノ映像の出発点であるブルーフィルムや、もっと昔の、舞台でのシロクロ実演ショーなんていうのは、ただただ他人のセックスを眺めるだけのものだったはずなんですよ。

湯山　組んずほぐれつをのぞくという、のぞき見ね。

二村　そう、のぞき見です。自分ではない誰かがセックスしているのを傍観するだけで興奮できた。ところが今のAVは、「他人のセックスを見るもの」ではなく、視聴者本人がセックスしているつもりになれてオナニーしやすい映像になっている。

湯山　サービスとは「面倒くさいことの他者任せ」が基本ですから、当然そうなるわけだ。

二村　僕も監督として、そういう「男に都合のいいAV」をずっと作ってきて、特に痴女ものにおいて、その手法を先鋭化させる仕事をしてきました。そこでは男優は存在感を消し、チンチンだけを勃てていればいい、という世界です。ところが、撮っていて気づいたんですけど、レズものだと「からみ」ではなく「セックス」を撮ることができる。男優と女優ではタブーであるような、出演者同士が愛し合っているようなセックスのほうが評価が高い。つまり、見ている側からすると、女優同士だと、そこに嫉妬しなくて済む。出演者の側も女優同士だと、お互いの女優や女としての苦労も共感できて、男女間にある面倒くさい「俺を／私を愛せ」という情動、それこそ暴力性や支配・非支配を含んだ感情ではなく、友情や「対等さ」に近い感情をセックスに込めてもらうことができる。だから、女優の組み合わせがよければ、レズAVのほうがオチンチンがなくともセックスが撮れる。

湯山　ボーイズラブ（BL）を「男には理解できないもの」と片付ける前に、男性のレズ好きはこれ、きちんとBLセオリーにハマっていますよ。「男女間にある面倒くさい情動」はナシで、という。レズならば、支配・被支配という狭義の快感枠から解放されて、「ああ、こんなにセックスの快感は奥深く、味のあるものだったのか!?」とわかるというのは面白い。

二村　ところが、ユーザーの中には「オチンチンが出てこないから、レズのAVではオナニーできない」という人も少なくない。理由は、感情移入できる〝ブツ〟が画面の中にないから。かと思えば、自分が女の子になったと妄想してその世界に入れるというユーザーも中にはいるんですよ。イチャイチャしている女の子ふたりのうちのどちらかが自分だと思うと、男優が出ているよりもヌキやすいと。オチンチンが存在しない画面でシコれない人とシコれる人がいる。いろんな人がいるんです。

湯山　レズものでヌケる人の割合はどれくらいです？

二村　そんなに多くはないですね。僕の感覚だと、すべてのAVの3割くらいはレズものになっちゃっても一向にかまわんと思うんですけど、そうはならない。

湯山　ちなみに、「男は女に感情移入できない」ということは、実験済みでして、雑誌「GINZA」で連載していた「ベルばら手帖」というページで、20代前半の男の子たちに漫画『ベルサイユのばら』を読ませて、「誰に感情移入したか」と訊くと、意外や意外、女なんだけど理想的な男らしさ満開のオスカルに一票も入らなかったんですよ。その理由がまさに「女だから」。よくよく訊いてみると、女が主人公の物語に男はほとんど感情移入できない、と。逆に女は主人公が織田信長でも、『魁《さきがけ》!!男塾』の塾長でも感情移入して楽しむことができるのに、これは何という違いかと、唖然となりましたね。

二村　男は「女としての物語を生きたい」とは思わないんだろうな。ただ、性的な部分に限れば「女としてのセックスを（それも、都合のいい部分だけ）体験してみたい」と妄想する男性は多いと思いますよ。ネットの世界はネカマだらけじゃないですか。女性は「男が主人公の物語」に感情移入できるというのは、子どものころから男性が主人公の物語「にも」慣れさせられてきたからでしょうね。

湯山　女側からすると、相手が男じゃなくても、興奮できるというのは全然不思議な話じゃないんですよ。純レズの子が「どんなヘテロの女でも、口説き次第で絶対100パーセントセックスができる」と言ってた。その反面、女と付き合った後で「やっぱ、男のほうがいい」と簡単に手の平を返されるとも。なぜかといえば、女性の基本が受け身だからですよ。受け身で快感のツボを刺激され、上り詰めるということは、快楽をもたらしてくれるものが何であってもいいわけで、なんでも受け入れちゃうブラックホールみたいな怖さがある。もしかして、それが魔女狩りやミソジニーに繋がってもいたりして。

二村　受精には男が必要だけど、女性の快楽のためだけだったら本当は男なんて必要ない（笑）。だとしたら男は、女の数ほどは要らない、もっと少人数でいい。そのことに女性みんなが気づいちゃうとまずいから、男性社会が魔女たちを抹殺したのかもしれませんね。

湯山　女性のオナニータブーも、男性の思惑が大きいわけですよ。俺様だけが女のお前の快感を引き出せる、というように、縛り付けたいし、快感原則に従って、ほかの男に色目を使ってもらっても困る、ということでしょう。

二村　多くの女性にとっても、イチャイチャするだけなら女の肌のほうが気持ちいい。「膣にペニスを入れて感じなくちゃ一人前じゃない」という観念は、女性の肉体が本当に持ってるものなのか、それがないとペニスの価値がなくなるから男が無理やりくっつけたものなのか。どちらにせよ、男と女のセックスでしか得られないものなんて、人間が性に求めるもののうちの、ごくわずかな部分でしかないと僕は思う。

湯山　女性がポルノグラフィを見ようと思ったら、だいたい最初に出合うのは男と女のヘテロセックスですよね。私の場合は、「週刊新潮」に連載されていた「黒い報告書」という小説が最初。支配・被支配の男女関係と、性欲の強い女が男を破滅させ、自らも罰を受けるという体《てい》の。こういう女性、私の世代には多くて、岩井志麻子さんとも同意見。

二村　男でも僕らの世代は多いですよ。床屋に行くと待ち合い席に「週刊新潮」が置いてあって、小学生なのにその頁《ページ》だけ熟読していたのを強烈に覚えています。

湯山　スゲーな、「週刊新潮」。日本人の性意識に色濃く影を落としている（笑）。実際にあった事件をもとに描かれているんだけど、子どもの私が最初から違和感なく萌えられたんだよね。ヤクザのスケコマシによって、淫乱化する人妻、結果痴情の果ての殺人系みたいなものになんで小学生がムラムラしたのか不明ですが、暴力、差別、インモラルというダークサイドはセックスにべったりと張り付いていることは確かで、それが小学生なりの性に対する感覚とも結託できた。女が女の気持ちで描いたポルノグラフィでなくても充分萌えるんですよ。主人公である男の視線に完全に入ってるときもあるし、逆に犯される女の視線に入ることもできる。女性は、最初から主人公がどうであっても読むことができるように訓練された脳があるんではないか、とも思います。先ほどの「ベルばら」の話ではないけれど、ポルノグラフィだけでなく文学もそう。もともと文学における主人公は圧倒的に男。吉行淳之介の『驟雨《しゅうう》』で娼婦に不意に嫉妬を覚える男の主人公の感覚も理解できるのは、子どものころから、男の物語を読みこなす癖がついているからでしょうね。

二村　女性は「男性が主人公である物語」にも慣らされて育つ。それも「女であること」と「私であること」が、ネガティブに言えば〝引き裂かれている〟、ポジティブに言えば〝使い分けられる〟ことの一環だと思う。お姫様が主人公の童話もあるけど、メジャーな物語は男の子が主人公ですよね。あるいは、性別が関係なく成立する主人公は、たいてい少年。少女の主人公の場合は「幼いけれど女」という条件が付く。物心ついたころから「桃太郎」の話を聞かされた女の子は、少年の主人公にも無意識に感情移入できる多角的な読み方をする訓練を受けている。

湯山　女性のポルノの萌え方は、攻められる受け手の女としてはもちろん、舌なめずりするおやじの視線にも官能できる。それほどの自由な脳の快感回路が男性にはないのかもね。しかし、二村さんの話だと、一部の男もレズビアンのＡＶのように男優が出てこないポルノグラフィに官能できるようになった。

二村　男性優位の暴力的ポルノを消費するときに「いたぶられている女性側に無意識に感情移入して興奮している男性」は、昔からいましたよ。

湯山　先ほどから、二村さんがおっしゃっているオラオラの男優とアンアン喘《あえ》いでる女優を見て、実は女優に感情移入して官能してる男ユーザーもいることはいた、ということですよね。同時に、オラオラの男優を見て官能する女ユーザーもいる。重ねて言うけれど、これはＢＬを考えるとわかりやすい。ＢＬを読む女は、登場するどちらの男の視点にもなれるんですよ。受けと攻めのどちらにも。ふたりの男がヤッてるのを上から見たいという感覚に近い。

二村　レズAVの本来の楽しみ方は、まさにそれですよ。男の僕はまぜてもらえない世界に萌える、という感覚です。

湯山　ちょっとポルノグラフィとしてのBLの話をしましょうか。BLの最近のブレイクは、インターネットありき。すなわちひとりエッチ用のポルノとして大いに読まれているのですが、これがレディスコミック、レディコミなどのヘテロのポルノを凌駕しているところが面白いのですよ。しかし、BLだと萌えるのに、レディコミがダメな女性というのは、自分自身が女の体や付随する文化を乗りこなせず、それを実行している主人公たちに違和感を抱くからだといいます。自分の気持ちと自分の女の体があまりリンクしていない、ということの証拠でもある。いや、それよりも細かく分析してみると、レディコミはBLに比べて、一点だけ不自由なところがあるんですよ。ヤラれる女のほうにはもちろん感情移入はできるんだけど、どうもヤル側の男のほうにそれがしにくい。女をヒイヒイさせるという役割のときに、「えっ、この女には私の心のチンコは勃たないわな」とちょっとブレーキが入っちゃう。ヘテロなゆえに、受けが女だと例の女同士の細かいセンサーが働いて「それは違う」となるんですよ。加えて、セックスは受け身のほうが絶対快感が大きいので、レディコミの場合、感情シンクロが簡単に女のほうに行ってしまう。おわかりかな？

二村　攻める男の側になったときに、快感を得ているのが「女」だと冷めるんですね。それは「自分じゃない女」だからですか？　攻められてるのが魅力的な女だったらいいのかな？　男だったらいいのかな？　レズAVにも、女が女を一方的に攻めるレズ拷問というジャンルがあって、女王様がM男を攻めてるのよりもシコれるという男性も多いです。女装した美青年が攻められるAVを好む男性に、攻めが男だと萎えるから女王様にしてくれという人もいます。僕は痴女AVで攻められてる男が性的な敗北感を味わっているのが好きで、男優が偉そうにしていると萎えるんですけど、その感覚と近いのかな。BLを好む女性たちに「レズ好きの男には、女になってそこに加わりたくなる感覚と、自分は加わりたくない感覚とがある」と説明すると、とてもよくわかってくれました。腐女子には後者の感覚の強い人のほうが多いようだ、とも。

湯山　3Pとのぞきの感覚の違いだよね。BLがレディコミよりも読まれているということは、女に「加わりたくない」という意識のほうが強いということにも繋がりますよね。それは、女性の性の解放は進んで、肉食を自称する女性も増えたというのに、まだ、はしたなさ、を感じてしまう感性ゆえなのか、レディコミの物語がBLの細かい関係性萌えよりも、大芝居もしくは陳腐すぎてノれないのか、どちらか。

二村　ポルノで、湯山さんがお好きな作品の傾向は？

湯山　少女調教系、源氏物語の紫の上系は、大好物ですよ。思春期に自分の体が大人に変わっていく劇的な感じは、女性にも男性にもありますよね。どう考えても、そのファーストホルモンシャワーの感じが性の体験としては、これまでの人生を考えても一番鮮烈でしたからね。身体がどんどん成熟していくときに、男が介入してきてそのあたりの不安と快楽に付随する物語が好きなの。というか、「変化」というタームが、昔から私の心を捉えて放さない。音楽だって、転調メロが好きだし、流行という時代の変化も大好き。「えっ、髪型変えたの？」という知り合いの変化も大好き。それは、本質的には自分が変化を嫌うコンサバな性質があるからなんですけどね。つまり、「変化」は常に色っぽいということですよ。

二村　育成系って、男に育てられているようで、実は自分がいいように「育てさせている」とも言えますよね。男に育てられていると同時に、自分の理想像である「女」を育てる男にもなりたいという欲望があるのかも。

湯山　とはいえ、セックスの快楽の本質は、最終的に物語の力から自由になってブチ切れて、エクスタシーに到達するところにあるからね。物語はロケット発射の一番最初の莫大な初動エンジンみたいなもので、トルクを回すまでに必要なものだと思います。だから、オナニストでなく、最初からセックスをやりつけたタイプは、こんなに面倒くさい助走システムはいらないでしょうね。まあ、この助走システムこそが、立派な文化でもありますが。

二村　僕は、つまらない男に搾取されるセックスをしてるくらいなら、女性こそオナニーをたくさんして、自分の体や欲望の性質を知ったほうがいいと思います。

なぜ女優にペニスを生やすのか

二村　手塚治虫もめちゃめちゃヤバいマンガを描いてますけど、永井豪もマンガ文化を通して日本人のフェチの相当多くの部分を形作ってきたと思っています。僕のフェチズムの原点は永井豪のマンガです。登場する「強い女」が僕自身であり、同時に「強い女に犯されてる男の子」に感情移入していました。

湯山　そういう男性って、非常に多いですよね。うちの弟は、小学校低学年のとき、なんと当時放送されていた『プレイガール』の女リーダー沢たまきの大ファンだったのよ。当時の感覚でいったら、立派な中年女ですよ。彼女のニックネームがオネエでして、「オネエ！　オネエ」って騒いでた（笑）。よく考えると、熟女ブームって昔からあったんだね。もしかしたら、強くてセクシーな女性に惹かれるパーセンテージは実際は高いのに、世の中の「若い女の子とつがいになりなさい」という流れに従って引っ込めちゃっただけなのかも。だから、二村さんのAVは変態ではなく正直なだけで、男性がもともと持っている性のバ

二村　リエーションに含まれているものという気がするね。

湯山　自分が変態行為を演出してるつもりはまったくないんですよ。痴女、レズ、女装、どれも異常だとは思ってない。「みんな言わないだけで、本当はこれが好きだよね？」と確信してる妄想をずっと撮ってきたんです。でも「あんたは変態だ」と言われ続けました。

二村　とすれば、その妄想が過激に開花したのが、エロマンガ。バリエーションとしてはなんでもありというか、あれを見ると、もはや巨乳を超えて乳の怪物ですよ。スカトロも早かったですよね。描き手が二次元に妄想のたけをぶつけられるし、商業的にも同人誌レベルから発表できるので、ＡＶとは違うのかも。

湯山　マンガは作家ひとりで、どこまででもいけますからね。たとえば挿入されている膣や直腸の断面解剖図を性交場面に描き加えるというのは、相当な発明だと思う。今みんな描きますけど、あれ最初に描いたのは誰なのかな。どんな変態性の表現でも、支持する人がいればそれは商業として成り立ちます。

二村　少部数でもね。

湯山　そう考えると、美女をデビューさせて、最初に脱がすまでにコストがかかる現代の売れ筋AVは、アングラな変態性とは相性が悪い。湯山さんがおっしゃった通り、エロマンガとAVはまた違う進化を遂げています。AVは生きている人間を撮るという点が魅力だし、だからこそ僕は女優を興奮させることに楽しみを見いだしている。痴女にしても「ふたなり」にしても女の子が本気で喜んでくれると、撮っていて楽しいんです。一番感動したのは、偽物のオチンチンを付けた女優に、自分でしごかせていたら次第に目が虚ろになってきて、マジで高ぶってくれたこと。不思議なことに偽チンと彼女の脳が繋がったんです。もともと「男になってみたい」という欲望を持っていたのかもしれませんが、偽物を付けたら本物ができた。堤さやかさんという女優さんでした。その姿を見て「ああ、これを撮ろう」と確信しました。どうせギミックなんだから非常識に巨大なチンチンを付けることもできるけど、それこそエロマンガになっちゃう。マンガが悪いというのではなく、僕はやっぱり出演者の感情と興奮が撮りたいんです。一方、ユーザーにとっては「俺のチンチン」が女優から生えているのがうれしいんです。

湯山　堤さやかさんにぜひ、その心境をインタビューしてみたい。二村さんの言うように、本当に彼女の中で眠っていた、「心のチンコ」が作動したのか、それとも、水を差すようで申し訳ないのですが、ヘンタイになっている自分と、それを見ていて欲情している二村監督の目に興奮したということも考えられる。

二村　もちろん、それはあり得ますね。相手が興奮しているから自分も興奮するというのは対人性行為の基本です。ところでレズビデオ嫌いの男性が、なぜレズに感情移入しにくいかというと、チンチンが出てこないからなんだと言います。チンチンではなく女優のクリトリスや膣の快感にシンクロしろといっても、多くの男にはわからない。逆に女優からチンチンを生やしてしまえば、その女優に感情移入しやすくなる。僕は、女性も大好きだけど、自分のチンチンも好きなんです。ちんぽナルシシズム。いっそチンチンだけでもいいんじゃないかと考えて、チンチンを宙に飛ばすAVも撮りました。透明のアクリル板の真ん中にチンチンのオモチャを付けて、カメラはアクリル板の反対側から撮るんです。両側で板を持っているADが揺さぶるとチンチンが自然にビンビンと揺れて、興奮しているように見える。女優さんに近づいたり離れたり、顔に近づいたら手を使わずに舐めてもらう。男優の手でバイブやディルドウを持って動かすありきたりの映像じゃ「誰か」の手がオモチャを使っているわけで「俺の」あるいは「視聴者の」チンチンではない。これはまさに「オナニーしやすい映像」です。

アクリルの向こうで宙に浮いているように見えるチンチンは、偽のチンチンではあるけど男が妄想で補完して脳の中で見ている映像の再現です。脳に見えている映像というのは、実際に目で見えている映像とは違う。たとえば男性が四つん這いになって女性からお尻を犯されているとき、その女性の表情はもちろん見えないわけですけど、脳の中では見えている。「今、彼女はニヤニヤしながら俺のケツをいじっているんだろうな」と。だからそういうシーンでは一カット、カメラを男優の背中で構えて、女優が男の尻を触りながらカメラ目線になっている画を入れる。現実には男がろくろっ首にならないと肉眼では見られない画。

湯山 もうこうなると現代美術の領域。ピカソの『鏡の前の少女』みたいにお尻がこっち向いてる！ 快感をもたらすＡＶは、監督のほうが自らのセックスにおいての時系列や状況での欲望と快感のツボをきちんと把握、抽出できていないと作り得ない、という。

二村　こんな理詰めで撮ってるＡＶ監督はあまり他にいない気もするんですけど。見ているほうはオナニーするときにストレスが低い、見やすくて興奮できて、見ている瞬間に不自然だと感じない映像であればいいのであって、理屈はいらない。オナニー後の賢者タイムに「あれ……？　よく考えてみたら、あり得なくね？」と思い返すのはＯＫなんです。僕は、なるべく頭ではなくチンチンで考えるようにしています。理屈は後付け。撮影中にもモニターの前で指示を出しながら自分でチンチンをいじっています。今、撮れている画がアリかナシか、チンチンの勃起に訊く。僕には映像の技術がないから、僕のチンチンが思いついたことをスタッフが形にしてくれる。30年前なら男女が普通にセックスしてるところをのぞき見するだけでオナニーできたのに、ＡＶはどんどん複雑になっていって、ぐるっと一周回って、また普通のセックスこそがエロい、みたいな話をしている。バカみたいに聞こえるかもしれないけど……。

湯山　いや、凄いですよ。セックスのセオリーは、文化によってさまざま。いろんなやり方、前戯や後戯の方法があるし、ストーリーもある。そこと違ったことをするど、「こんなことやっちゃった」って、何かが外れるというか、自意識や恥ずかしさ、社会性をはぎとることができて〝回路〟が開きやすい。ただし、みなさん知識としてだけはグルメになっちゃったから、その快感のキーを個人的に見つけられれば本望ですよね。

二村　さっきの「ふたなり」もので、偽のチンチンを付けた女優さんが満員電車の中で痴漢をされる、その痴漢の真犯人もチンチンを生やした女だった、という設定が気に入ってるんですよ。電車のセットにエキストラの乗客をいっぱい詰め込んだ中で、テレパシーというか第六感で彼女だけにはわかるわけです。「はっ、この車内に私と同じ、女の姿なのにチンチンが生えた〝ふたなり〟が乗っている……」みたいな。彼女が、もう一人の女優からそっとお尻を撫でられると、裏からADがポンプで空気を送ってオチンチンを勃起させる。痴漢の女優が彼女のスカートに自分のチンチンをすりつけて、フェイクのザーメンを発射する。やられている女優さんは、もちろん演技で感じてるんですが、自分のフェイクチンチンが勃ってくるのと、感じている演技がシンクロしてくる……。現実に痴漢の被害にあわれて心に傷を負われた方のことを考えると心苦しいんですが、妄想の中で美女になって、妄想の中で痴漢「されたい」男だっているんです。M性のある女性も、リアルに痴漢されるのは絶対に嫌だろうけど、フィクションや妄想の中でなら知らない男にお尻を触られたい、大勢の男にオモチャにされたい、ザーメンをかけられたいといった欲望を持つ人は少なくない。

湯山　ともあれ、女への感情移入の記号としてでも、どうしても、男はチンコを付けたいんだなぁ。

気持ちいいことに誠意を尽くす、二村式AVの秘訣

湯山　女性用AVのイケメンの男優さんたちが人気らしいですけれど、私、あの手のAVってちょっと苦手なんですよ。今は、相当なバリエーションが出ていると思うけど、最初に出てきたとき、ちょっと教条的かな、というか、マーケティング調査した企画書っぽいというか、男の上司にも理解できてハンコ押しやすいコンテンツのように感じたんですよ。曰く、「男目線のAVから女目線のそれへ」ということで、女が肉食化して男に乗っかっちゃうヤツとかね。そうじ

やなくて、女は男目線のポルノでも充分イケるんですよ。なぜなら、女優にシンクロするわけだから。感覚ではなく、頭で作ってる感じがある。

二村　イケメンを使うと、女性ユーザーがイベント等でお金を使ってくれやすいんです。ただ、女性もいろいろだし、もっとえげつないものが見たい女性も中にはいるんじゃないだろうか。

湯山　「女が撮るからいい」ということは特にないね。普通のAVでいい。

二村　女性の監督が、男性向けにというか見る人の性別を意識しないで撮ったAVには、むしろ男の監督の作品より濃厚なもの、えげつないものがありますよ。だから、ほんとにどっちでもいいし、とにかくマーケティングではなく監督本人の衝動で作られたもののほうがエロいと僕は感じる。エロいものを求める女性は、勝手に女性向けではないエロいものを検索しているだろうし。むしろこれからは女性をどうやって有料の映像配信にアクセスさせるかがビジネスの鍵です。

いわゆる女性向けAVには、一般に女性が好むとされているソフトなセックスが描かれて、女性のエグさも映っていなくて、男性の欲望に完璧に応えるように作られた架空の「いい女」も登場しない、それにホッとする女性も多いんだろうとは思います。そういうタイプのAVが他にないから、需要はあるんです。あと女性向けAVが生まれてよかったことは、カメラの前でチンチンを出せるイケメンが増えたこと。

湯山　男と男のホモビデオを抜きどころとする女性も少なくないんじゃないかな。だって、BLそのまんまだもの。

二村　それも撮りました。女装させない美少年同士のビデオ。まさにBLの実写版です。ただ、ノンケ寄りの男性同士でタチ（男性的にふるまう側）として完璧に勃起できる美しい出演者が少ないので、なかなか連続リリースできない。あるいはゲイ男優さんに出てもらうしかない。「女装して犯されたい」という願望を持つ男性は増えたし、レズのタチのスキルを持つAV女優さんも増えたんですけど、ここにも男女の非対称はありますね。女性が男のアナルまで犯し、男の体がオーガズムに痙攣《けいれん》するような映像も、これからはM男性だけではなく女性の中にも見たがる人が増えていくだろうと確信しています。

僕が撮る痴女ビデオは、僕にとって都合のいい状況を描いてるんですけど、女性の側を主人公にして「彼とセックスしたいんだけど、恥ずかしくて手が出せない、でもある臨界点まできてワッと襲ってしまった……」みたいな心理を入れるので、わりと女性にもウケる。僕がフェミニストだって誤解されることがあるのはおそらくその辺で、実際には僕自身が女性になったつもりで、そういう女性の発情に興奮するから入れているだけ。上野千鶴子さんからは「二村さんのAVは、村上春樹の小説なのね」と言われました。女性がひどい目にあう描写は撮らないですから、一見女性に優しい、女性のことを理解しているように見えますが、実は僕は凄くマッチョなんです。ただし屈折したマッチョ。

湯山　そうね。これは上野千鶴子さんや北原みのりさんが怒った、「アンアン」のセックス特集にも繋がる話だよね。女性が今、性的に解放されたなんていうのは嘘で、受け身の快感を知ってしまった男に対して、女の自分は気持ちよくなくても奉仕する役目になってしまっている、というね。受け身のマッチョ、オラオラであって、あいかわらずイニシアチブは男。でも、ここではその問題はおいといて、快感にアラレもなく身をゆだねたいという男のホンネのフタはすでに開いてしまっているのに、それを女に見られることを恐れている。「男らしさ」の呪縛は性の局面にこそ最大限に登場しますからね。本当は「受け身」でいたくても、快楽に身もフタもなくアヘアヘするのではなく、女にフェラチオさせて、支配者のSっ気のほうで快楽を認めていく、とかね。

二村　快感を感じているときに声を出してヨガらない男って本当にバカだと思うんですけど。もっと言うと、「男が受け身」というより、「セックスはリバーシブルなのが自然」になればいいんですが。男はこう、女はこうと決まっているほうが不自然。女性の持ってるファンタジーの中に僕自身が入れたときに、僕は興奮するんですね。たとえばマゾの女の子であれば、僕みたいな男からいじわるなことをされたいと彼女が以前から思っていた、ということがわかったときに興奮する。だから打ち合わせを綿密にすることで僕の妄想とシンクロさせて、女優さんの中の痴女願望を引っぱり出したい。

湯山　それは、自分が受け入れられたということ？

二村　そうです。

湯山　でもどんなファンタジーでもいいというわけではなくて、たまたま二村さんのファンタジーと似ている女の子に出会ったときということだよね？

二村　そうです。どんな女性にも対応できるほど守備範囲が広いわけではないし、能力があるわけでもないので。僕がやれることを待っていてくれる人、やってほしいことを僕がしたい人ということになりますね。やっぱり相手に興奮してほしい。

湯山　けっこう、これ注文が難しいぞ。

二村　はい。僕にとってこの世で一番エロい女性は、バイセクシャルのタチで、しかもSッ気Mッ気両方ある女性だと思います。難しすぎますよね。

湯山　私が二村さんの作品で特に凄いなと思ったのは、風間ゆみさんの痴女モノね。

二村　『男魂快楽地獄責め戦慄のマルチプル・オーガズム研究所 第六巻』ですね。

湯山　あれは凄い。風間さんは、本当にセックスの才能があると思う。セックスにおけるエリートですよ!!　男に対しての乳首責めだけでもの凄い長尺15分。普通できないよ。私はできない。風間さんの場合、欲情のスイッチがいったん点火したら、とろ火から焦《じ》らして焦らして、だんだん山場を作り大爆発まで1時間キープできる強靭な性欲エンジンが搭載されている。もうさ、ブルックナーの交響曲並み。同じフレーズ、同じ行為なのにディメンション（長さ）を変えて、

二村　究極の快感大伽藍《だいがらん》を作っていくという……。

湯山　風間さんクラスになると、ダメな監督でも彼女にまかせちゃえば撮れちゃうんだけど、それだとつまらないので、僕は見ている自分が満足するまでカットをかけないです。たぶん普通の撮影では風間さんもさすがに15分も乳首責めはしないと思う。キスとか男性の乳首を責めるとか、女優の体に負担がかからないものに関しては、とにかく僕がよしと思うまでOKは出さないようにしてるんですけど……。

二村　二村さんの才能は、二村さんの感覚とユーザーの感覚がいい意味でシンクロしていることなんですね。だからそのタイム感が的確なんでしょう。オナニー男のちょうどいい長さがプロとして感覚的にわかるというか。

湯山　いや、プロとしてというか、僕は死ぬまでアマチュアでありたいんです。撮影現場で用もないのにオチンチン出してオナニーしながら監督をしてますから。

二村　わはははは。それは完全にユーザーオリエンテッド（ユーザー志向）ですね。

湯山　台本を書いてその通りに進めて「これだけ尺（収録時間）が撮れたから、じゃ次のシーンに行こう」ということをしたくないんです。自分のチンチンに訊かないと先に進めない。

湯山　監督になって最初からそうだった？

二村　もとは男優だったので、人前でチンチンを出すことに抵抗がないんですよ。撮影の現場で男優は出しているのに、なぜ僕が出しちゃダメなのか理解できない。監督になってからは出していてもスタッフはみんな許してくれるんだけど、一度、先輩監督の撮影現場を見学に行って撮影中に後ろでオナニーをしていたら呆れられました。そのとき「他の監督はなぜオナニーしないんだろう？　男優以外の男は人前でオチンチンを出すのが恥ずかしいものなんだな。男優がチンチンを出すのは『役割』なんだな」ということが初めてわかった。常識がないと思われるかもしれないけど、最初から現場ではチンチンを出して当たり前だと思っていた。「あの監督は不真面目だ」と嫌がって僕との仕事はNGとする女優さんもいるけど、面白がって僕のチンチンを勃てようと一生懸命カメラに向かって熱を込めてくれる女優さんもいる。ソフト・オン・デマンドの高橋がなり氏に「お前、それは監督じゃない。クレジットを『撮影中にオナニーしてる人』にしよう」と言ってもらって、キャラとして確立された感があります。

湯山　現場でオナニーしながら監督するというのは、もしかしたら二村さんの頭の中でコンセプトがあったんじゃない？　まず撮る側が勃起しないとダメ、という。理想主義、みたいな。

二村　最初は意図も何もなく、ナチュラルに始めたんですが。

湯山　ホントかな？　その「そもそも、監督のオレが勃ってこそだろ論」のプレゼンテーションとしてやり始めたんじゃないかと思う。ＡＶの原点回帰というか。

二村　「なぜ、お前らはしないの？」というアンチということ？

湯山　あるでしょ？　従来の性の紋切り型の現場に対してのアンチ。

二村　ありますね。アンチというか、言わせてもらうと、ぬるかったんだよね。

湯山　ぬるかった？

二村　一人ひとりの監督さんを批判する気はないけど、マンガ家や小説家はポルノを書いていたらオナニーするでしょう？

湯山　少なくとも、ＳＭ界の巨星、故団鬼六先生の執筆動機はまさに、そのためだったとおっしゃってましたね。

二村　射精してしまうと終わってしまうので、射精しないように性器に触り続けながら原稿を書くと聞きました。女性作家も、たとえば岩井（志麻子）さんも、エッチなものを書くときはオナニーすると言ってた。それはひとりの作業だからできるということもあるけど、その話が頭にあったのかもしれない。作家はするのに、なぜＡＶ監督はしないのか。

湯山　その通りですよ。

二村　どう思うかはそれぞれの自由ですけど、僕以外にあんまりいないんですよね。みんな、やればいいのにって思うんだけどな。

湯山　恥ずかしいんだろうね。でも、それを突破してでもと思ったのはなぜ？

二村　やっぱりそのほうが「かっこいい」と思っているからじゃないかな。

湯山　「お前らやるなら、これぐらい本気でやれよ」ってこと？

二村　これも後付けの理屈ですけど、お客さんはオナニーしてるわけだから、それに対して誠実ではありたいですよね。出演者が興奮してないポルノはダメだと思うんですが、実は一番画像に出るのが監督の興奮。女優さんに「カメラを僕の目だと思って、男優さんのオチンチンを僕のオチンチンだと思ってセックスしてください。その代わり、こっちも本気でオナニーするから」ということを伝える。ハメ撮りだったら監督はオチンチンを出すけど、ハメ撮りしているときのチンチンの気持ちよさはどんなに高性能なカメラでもユーザーには伝わらない。それならむしろ映像はカメラマンにまかせて、セックスは男優にまかせて、その女優の姿をモニターを見ながら僕がオナニーして気持ちいいと思えば、お金を払って見てくれているお客さんに僕の気持ちよさは伝わるんじゃないか。

湯山　そりゃそうだ。またしても、ユーザーオリエンテッド。こんなところに例を出して申し訳ないけど、コムデギャルソンの服がそうなんだよね。デザインは奇抜だけれど、着てみると着る側の気分がよい服。だから、売れ続けている。気分がいい、というのは着心地だけではなくて、社会の中で自立感をポジティブに獲得できる。で、話を元に戻すと、自分がオナニーしながら相手を操縦すると、女優さんと繋がっちゃう感じもあるんじゃない？

二村　あります、あります。僕、撮影中にカメラを止めないで、声を出して演出するんですよ。ＡＶの演出って何パターンかあるんです。ひとつは、事前に男優、カメラマンと綿密に打ち合わせをして、本番中は監督は「よーい、スタート」

と「カット」しか言わない方法。何か文句があったらカットをかけて、やり直させる。体位とか展開だけ決めて、セックスの〝濃淡〟みたいなものはほぼ男優まかせ、という監督もいる。二つ目は、たとえば痴女モノで痴女がうまく演じられない女優さんにインカムを付けて、本番中に監督の指示を女優に伝えるという方法。見ている人にはインカムはバレないようにするんだけど、それでも変な間ができたり、インカムという機械を通して監督と女優、男優が一体化するのは不自然だし、あんまり僕の考えるエロにはならないだろうと思って、あれは一回もやったことがない。

湯山　なるほどね。

二村　じゃあどうしているかというと、本番中に大声で「その乳首舐め、最高！」とか叫ぶ。僕自身が興奮していることを伝えるんです。カメラマンに向かって「今凄くいい目をしたからその目を撮って！」と言ったり。女優がいい目をしたからといって、女優に対して「その目つきを続けて」と言うと指示になってしまって、女優がそれに捉われてしまう。だからカメラマンに対して、わざと女優に聞こえるように言う。そうすると女優は、自分の目が撮られているとわかって、瞳がどんどん濡れてくる。映画の俳優も演技中に感情を動かしてるんだと思うけど、AVの撮影は出演者が生理現象を披露してくれつつ、当然それに伴って感情も動かしてくれるわけで、感情を動かしやすい状況を作るのが監督の仕事です。このやり方は、女優を虐《いじ》める巨匠の一人であるTOHJIROという監督から盗みました。僕は、その自分の声は後で編集で全部、消すんですけどね。

湯山　声って、侮れないですよ。今、テレビにレギュラー出演していて、特に思うことなんだけど、説得力を持つのは、もちろん内容も重要なんだけど、そのときどきの時間を制す声が出せるかどうかなんだよね。声はひとつのグルーヴを持つから、現場の空気を染め上げるところがある。インカムだとただの「指示」だからね。

二村　セックスのときもそうだけど、日常においても〝声の響き〟って大切ですよね。バイブレーションがあって相手の体まで揺らすように届く声は、説得力が違う。男性AV監督には、声のいい男が多いです。

セックスの才能がある男・ない男

湯山　風間ゆみさんの話に戻りますけど、二村さんが満足して「カット」と言うまで、ずっと乳首を責め続けるわけでしょ。15分も。それでも「あんた、バカにすんな！」ということにはならないのは、セックスに対する興味や熱情、信頼が大きいのかなと思うんだけど。

二村　いや、でも、男がちゃんと悶《もだ》える男であれば、女性は30分でも楽しんで責めませんか？　まあ個人の意見ですが……（笑）。風間さんクラスの女優は、セックスを通じてどこまでできるかということに対して貪欲だし、ご本人が強い興味を持っていますね。そうでなければ「女優がどこまで積極的に責められるか、限界に挑戦してみよう」なんてことは、監督側としてもなかなかできない。

湯山　あの責めは本当に凄い。私とレズビアンをやってほしいくらいですわ（笑）。一方、その受け身ができる男優も重要。あの作品（前出『男魂快楽地獄責め』）の二部の男優がよかった。唇が厚いイケメンAV男優。すごく売れてる男優な

二村　んでしょ？

湯山　しみけん君ですね。

二村　そう、しみけん。受け身のありようがうまい。セックスで興奮すると男ってポーッと顔が赤くなってくるでしょ。彼はそこのところがきれい。唇がぼってりしてて喘ぐ表情も自然でかわいい。作ってる感じがしないのは、彼もセックスが好きだからなんでしょうかね。責められて、だんだん乗ってきて、主導権を風間さんにふわっと明け渡していく感じがエレガントでセンスがいい。演技ではなく心の揺れを感じさせる、いい男優ですね。

湯山　しみけん君は、いい男優です。森林原人君、田淵正浩さん、佐川銀次さん、大島丈さん、吉村卓さんといった人たちも凄い。ほかにも僕が頼りにしている男優は何人かいますが、いい男優は例外なく女が好きでセックスが好きです。女優さんは有名になっていく過程でセックスが嫌いになっていったり、そもそもセックス嫌いでも有名女優になれる場合があるけれど。風間さんはタフな女性で、ベテランでもセックスの好きっぷりが枯れないんだと思います。

湯山　セックスは実のところ才能という部分があると思う。生まれつきその人が持ち合わせているものが大きく影響するよね。

二村　そう思います。できない人にはできない……、って結論しちゃうと高いところからものを言ってるみたいだけど、事実そう。

湯山　音楽と似てる。子どものころにピアノを習ったりして、みんな音楽は努力すれば平等にそこそこできると思っているでしょ？　しかしながら、聴く人の共感のスイッチをすぐに入れられるような音楽を奏でられる人は、本当に才能のある選ばれた人だけだと思う。セックスもそういうところがあるんでしょうね。

二村　それって、もう〝テクニック〟じゃないですよね。うまい人って何が〝うまい〟んだろう。そこでの共感のスイッチってなんだろう。

湯山　快楽のツボがパッとわかる人。ちなみに、私自身はダメですね。頭のほうのカンは凄くいいほうだと思うんですけれどね。相手が心の中で求めているところがバシッとわかるけど、肉体のほうはよくわからん。

二村　普通は人がセックスに求める好みの傾向って、言葉にするとシンプルで、「大切にされたい」か、「大切にされながら支配されたい」か、「相手を支配したい」か。中には強烈な苦痛を求めるガチのマゾヒストの人もいますが、大半の人のツボは三つのうちのどれか。でも湯山さんがおっしゃっているツボというのは、その先にある、言葉でうまく表現しにくい部分のことですよね。僕は仕事でセックスするとき、お相手の妄想の中に僕が登場できているとわかると、うまくやれます。簡単に言うと、向こうが僕に興味を持ってくれているかどうか。その確信さえあれば、できる。女優さんにうまくだまされてるのかもしれないけど。

湯山　女はだましだましセックスできるからね。そうじゃなくて、本当に一発で、こっちがウワーッとなってしまうような名人もいますよね。「こうすればいい音が出る」という名演奏家のような微妙な加減を感覚的に知ってる人か、もしくは飽くなき探究家。音楽家や理系、一芸に秀でてる人にはそういうタイプが多いのでは、とよく女の飲み会で取りざたされます。なぜ理系かというと、モテなんかの男の伝統的欲望物語に毒されてないからじゃないかな。一番ダメなのは文化系男子かも。どうでもいい情報と口ばっかりで、そっちに関しては貧しい男が多い感じ。セックスは頭のよさ、というけれど、言語感覚に優れている人とそちらの才能は比例しないようですよ。たぶん、脳の中のOSが違う。

二村　そういう男性って、どんな女性が相手でも、いい音を奏でるんでしょうか。音楽家やミュージシャンは上手な人が多いと聞きますね。

湯山　彼らがモテるのは、そこのところでしょうね。

二村　リズム感があるんでしょう。ある女優が、童貞の素人男性に「女は楽器だと思って、繊細に扱え」と言っていました。

湯山　繊細さは大切。ただ音を出すんじゃなくて、「こうすればイイ音が出る」という微妙な加減を感覚的に知ってるんじゃないかと。もはや女体は楽器だな。

二村　確かに演奏という行為、楽器に対するような丁寧さが必要だけど、セッションみたいな「いくときはいく」という大胆な勢いも大切。つまり〝対話〟ですね。

湯山　それと探究心ですよ。女の体への探究心。女性をモノ化してキモい、と思う反面、男の自分にはない女性のパーツに対する探求心は、ファーブルが昆虫を愛したのと同様の熱があるのは事実（笑）。

二村　僕の知り合いで『女体拷問研究所』というおどろおどろしいタイトルのシリーズを監督しているKoolong《クーロン》監督は、女性のオーガズムをひとつのメカニズムと捉えて、あるときは電マでクリトリスを責め、またあるときは指でGスポットを、またポルチオ（子宮口）を探り当て、体系化している。ところが彼自身は理系というわけではなく、根底には母なるものに甘えたい、女という存在の謎を解きたいという思いがあって、研究を重ねているようなんです。そういうストイックに女体を追究している人は、僕みたいな男が思う「自分が相手から関心を持たれているかどうか」なんて、どうでもいいんだろうね。目をキラキラさせて夏休みの理科の宿題に燃える少年のような好奇心と探究心がある。

湯山　こういうタイプは結婚してもセックスレスにならなそう。私はけっこう好きですよ。

必ず来る「勃たなくなる時代」への準備

二村　さっき名前の出た一流AV男優・しみけんは、本人いわくスカトロマニアなんだそうです。しかも自分が浴びたり食べたりするほう。

湯山　あららら。

二村　職業としては「男がうらやむ、とてつもない美女とセックスできるAV男優」

でありながら、本人は実はそのことだけでは魂の喜びを得ていないのかもしれない。プロ野球の選手が本当はゴルフのほうが好きみたいなものですかね。

湯山　スカトロは、思ったよりも多くの愛好者がいますね。私も表向きはまったくソレが感じられない、さわやかな東大卒のスカトロ男を知っている。彼もAVでスカトロやり放題すればいいのに。

二村　いや、スカトロ専門男優になれば幸せかというと、おそらくそうではない。プロの一流男優は、気持ちがいいから勃起してるだけではなく、プロとしてのプライドで勃起してる部分があると思います。その撮影で要求されることに自分がどれだけ貢献できたか、ウンともスンとも言わなかった女優にいい顔をさせたか、といった職業的な満足感に誇りとリビドーがある。現場では勃起を維持するために「勃ち待ち」といって、カメラが回っていなくても乳首を舐めてもらって物理的に刺激することはありますよ。でも、やっぱり多くの場合プライドが勃起させている。

湯山　やっぱ、そうなのか。アイデンティティの自負がアソコに絡みつくわけだ。

二村　ある一流男優は、自分がお尻の穴を掘られるのも好きなんだけど、映像の中ではやってくれないんです。女優にお尻に指を入れてもらってエキサイトして、素晴らしい映像が撮れたんだけど、撮影後に「やっぱりケツの穴でイカされるのは今後は勘弁してほしい」と言われました。そっちはマゾで売ってる男優にまかせたい、彼はカメラの前で女性化したくないのだと思います。女性化してしまうと、男優として銭が取れなくなるという意識がたぶんあるんだよね。

湯山　セックスワーカーならではの、自分だけの決めごとがあるんでしょうね。遊女が口づけだけはダメというのと同じで。セックスは心理的にも肉体的にも強烈な体験だけに、そういうルールで自分を縛らないと、精神が危うくなりそう。

二村　お金をもらってセックスをして、他の男からうらやまれる商売ですが、ご想像の通り仕事にするとキツいと思いますよ。自由自在にド変態であることをさらけだせるAV男優が少ない。かっこをつけてスターぶる人も多いです。中にはなんでもやってくれる気さくな人もいて、僕はプライドが高い人より、そっちのほうが好きですけど。

湯山　今、ちょっと思ったのだけど、チンコが勃てば男として充分だ、という真実があまりにも厳然とあるために、逆にそのことをもの凄く蔑む、恥ずべきことと男性社会は考えているフシがあるね。なぜなら今の社会はチンコが立派でなくて、勃たなくても、金を儲けたり権力を持っていたりという社会制度の中で勝ったほうが、男としてヒエラルキーは上ですからね。勃って女を喜ばすことが男の幸せ、という発想にはならない。そこに、勃たない側、すなわち下手な男たちが長期に目論んできた策略があるんじゃないか、と。

二村　男性社会が保険をかけたんじゃないのかな。勃たなくなっても金や権力があれば自己肯定して生きていける経済社会を発達させて。呪術というのはみながそれを信じている共同体の中でのみ有効ですが、お金とか経済は、オーガズムも体験できない男性たちが、女性に対抗するために発明したものなのかも。

湯山　そうかも！　勃たないほうの多数が努力を重ねて、コンプレックスの意趣返しを行ったんでしょう。

二村　僕ももちろん社会的な承認欲求はあるし、人から仕事で褒められたいとも思うけれど、やっぱりチンチンを褒められたいんですよね。お相手した女優さんからチンチンを褒められるとうれしいんです。単純ですね……。

湯山　男性雑誌に「イケメンのフニャチンとチンコが勃つ不細工、どっちがいいか」

というフザケた質問があったんだけど、まあ、モノのわかった女性が選ぶのは後者でしょうねえ。単に性能ということではなく、女性は前者のような男に対しては、ちょっと性格に暗い影を落とし、人生損ねている率が高そう、つまり、私にとっておトクではないという実感があるんですよ。

二村　「お前に勃起した」と言われたらうれしいんでしょうか？

湯山　まあ、そうでしょうね。一方で男のフニャチンと同義なのは、女の場合、男が勃起できないような要因。ブス、デブ、年増の三つ。自分からコンプレックスを持ってしまうところも男のフニャチンと似ている。

二村　女性にしてみたら当たり前のことかもしれないけど、みなさんそんなに「突っ込まれたい」わけではないんですよね。好きな男が、自分に欲情して勃ってくれること自体がうれしい。

湯山　うれしい反面、そうさせることのできない女性は悩み苦しむ。しかし、男は本当に不用意にデブ、ブス、年増をあざけるし、それを自虐的に容認する女たちまでいるんだけど、「フニャチン野郎は黙っとけっつーんだよ！」とは、女はまず言い放つことができない。なぜなら、一戦交えないことには判明しないから。しかし、判明した後にこういうあざけりを言われることを本当に男社会は嫌うよね（笑）。男がヤリマンを嫌うわけはズバリこれ。比較検討されて、そう言われかねないから。

二村　男は無意識に「支配できない女性」に凄く恐怖を感じているんですよ。そして「とりあえず勃起すれば大丈夫だ」と思っている。だから勃起させてくれない女性を否定する。

湯山　なんでそんなに勃起しなきゃダメだと思ってるんだろうね。

二村　そこが男の悲劇だと思うんです。制度の中で生きる男の多くは自分のチンチンに自信がない。それでいて「男はファルス（男根）でしか快感を感じちゃいけない」という、これも一種の制度なのか呪いなのかわからないけど、そのルールに捉われている。男がオチンチン以外の、たとえばお尻の穴や乳首で感じまくるのは恥ずかしいことだと思い込んでいて、風俗に行って密室だったら遠慮なく感じられるけど、自分の彼女の前では声を出して喘げないという男がたくさんいる。乳首やアナルでヒイヒイ言わされるよりも、むしろ高い腕時計をこれ見よがしに付けてることのほうが恥ずかしいと思うんだけどな。純粋にその時計に惚れて付けてるならいいけど、多くの男は時計そのものには興味なくてそこに付随する価値、象徴される経済力や社会的地位、男性性のパワーを見せびらかしたいだけでしょう。すなわちオチンチンを自慢して歩いているようなもの。

湯山　高い腕時計、男はホントに好きですからね。中年向けのモテを意識した男性誌は、いまだにいい時計を持っていいクルマに乗って、いい店に連れていけば御の字、ということを特集し続けているし。

二村　自動車も腕時計も、クレジットカードも、自分の体のすぐ近くにあって、手で触って自分のポテンツを確かめられて、精神的にマスターベーションできるもの。まさしくオチンチンの象徴。アメリカのポルノというかイメージビデオに「sexy car wash」というジャンルがあって、ビキニの女性がでっかいアメ車を洗車してるのを延々と映している。おっぱいでバンパーを磨いてるのや、過激なのになると全裸もあります。男優は出てこない。

湯山　アメ車が自分のファルスなんだ。まあ、それをピカピカに女に磨いてもらえれば最高でしょう。

二村　アメリカ人の中年男性は、きれいなエロいお姉ちゃんが高級車をひたすら楽しげに磨いてる映像を見ながら、オナニーしてるのかどうかまではわかりませんが、おそらくウットリしてるんでしょうね。

湯山　凄いな。それというのも、チンコの存在を息子と言うように、アレが出っ張ってオモチャみたいな存在だからでしょうね。

二村　そういうふうに自分のパワーを握りしめられるもの、ミサイルみたいにどっかの方向を向いてるものに、えもいわれぬ快感をおぼえる。

湯山　高層ビルなんて、大企業のファルスとしてそそり立ってるもんなー。高い、デカイ、偉いの三拍子。丹下健三設計の「東京は世界一なのじゃあ的東京都庁」みたいなね（笑）。今、中国もでっかいビルを建築していますよ。そういえば、ネクタイもファルス的って言われていますよね。

二村　ファルスの代わりを身につけてマウンティングしていることが周りにバレている、ということが僕には恥ずかしい。「クレジットカードのランクをブラックにした」なんて言っている男を見ると、それは「皮が剝けてよかった」と言ってるのと同じだよと思う。多くの男は、そういった自分のパワーを証明できる

湯山　模造のファルスが大好きで、その分、自分のオチンチンそのものを愛せていないところがある……なんて偉そうに語ってますけど、僕がなぜ自分のオチンチンが大好きなのかというと、子どものころから母ちゃんに「ヒトシはオチンチンが大きいね。女を泣かすんじゃないよ」と言われてたんです。でも実際には、そんなに巨根ってわけではない。僕よりはるかにでかい男優さんたちの逸物を、いっぱい肉眼で見てますので。

二村　ブラックカードをオチンチン代わりに持たなくともいい男、それが二村ヒトシ(笑)。

湯山　その点は、母に感謝しています。

二村　大きくてよかったよねえ。「小さくても問題ないよ」と口では言っても、やっぱり他人のソレが小さいと気の毒に思う？

湯山　いや、セックスの相手が喜ぶかどうかですよ。膣が小さかったり濡れにくかったりで、大きなペニスが苦手という女性はいっぱいいる。大きくないチンチンの持ち主で、丁寧な愛撫や優しさで女性を虜《とりこ》にしている男性も、いっぱいいます。

湯山　ふふふ。

二村　クレジットカードや腕時計や、社会的な地位や抱いた女の数でマウンティングし合ってないで、小さくてもいいから自分のオチンチンを男は愛したほうがいい。オチンチンは強いものではなくかわいらしいもので、自分を愛してくれる女から愛《め》でられるものなんだ、ということを素直に受け入れたほうがいい。オチンチンやその象徴でしか女を支配できないという考えを手放すことができたら、もう少し楽に生きられるんじゃないかなと思うんですけどね。女性は、マンコだけじゃなくオッパイや肌も含めて自分の体を意識させられて育ってきているから、逆に意識しすぎて、裏返って自分のマンコが嫌いになっちゃっているところがあるように思います。

湯山　意識しすぎて嫌いになっている……。いや、それは本当ですよ。体のこととは離れるんだけど、いろんな男性たちに、飲み会で「男で損したこと、女だったらいいなと思うことはある？」という質問をすると、ほとんどの男が「考えたこともなかった」と言うんですよ。ここのところ、女性だとはっきりと意識的な答えが返ってくるのと逆。たとえば、映画監督の岩井俊二さん、彼は才能があって、すごく魅力的な男性ですが、彼にその質問をしたら、「自分が男で得したといっても、男だったという意識がそもそもなかった。人間じゃん」と言ったの。この「人間じゃん」という答えが面白い。人間って、実は近代が作り上げた概念。それまでは断然、男と女の別個の意識のほうが強かったはずなのよ。というわけで、女性も自分のことを女の前に人間だ、そう思えばいいのに、人間じゃなくて女だという意識のほうが強いので、それが逆に行動や思考のブレーキになってしまう。別の男性会社員も「考えたことがない。男であるということも含めて」と言った。ちなみに、その同じ男性は会社でリストラされて、会社を出ることになって初めて、「えっ、俺って何なの？」ということを考え出すんですけどね。

二村　考えなくても生きていける、インチキ自己肯定ができるのが男だったけれど、肩書き、すなわちファルスを奪われ、チンコが勃たなくなった瞬間に考え始めるんでしょうね。

湯山　大きい共同体がどんどんどんどん崩れていっている世の中で、ずっと会社のために真面目に働いてきたけど、その共同体にいることを許されなくなったとき、男はどうする？　これからは「勃たなくなる時代」に突入ですからね。

二村　男も自分の中の女性性、受け入れる力、つまり自分の心の中にもマンコがあるのだと自覚するのがいいと思います。そうやって、必ず来る「勃たなくなる時代」の準備をしておくしかないんじゃないかな。

湯山　ファルスは競争の象徴。そこに囚《とら》われていては、今の時代、リアルな競争には勝てなくなってきているんだけど、そこにも気づいて、ちっこい自分のソレを愛して、違う路線で行かなきゃダメかも。ちなみにリアルな競争は、極めて女性主体のマーケットを相手にしなければいけないという不都合な真実すらある。インターネットによるフラット化とシェアのセンスが求められているわけですからね。

第二章

ひからびた感情を取り戻せ！

メンヘラ女子のセックスはエロい？

二村　恋愛もセックスも、楽しむために、あるいは幸せになるためにするものであるはずなのに、どうして苦しむことになるのがわかっているような相手に惹かれて、面倒くさいことになるケースが多いのか。本来それほど面倒くさくない人間だったはずなのに、相手によって心をかき乱されているうちに、どんどん面倒くさい人になっていくことも大いにある。

湯山「面倒くさい」と一言で言っているけど、それはどういうこと？　付き合う相手の行動を監視し、自由を縛るということ？

二村　定義が雑でしたね。僕にとって面倒くさいというのは「執着される」ということですね。

湯山　うーん、先ほど恋愛やセックスは楽しむために、あるいは幸せになるためにある、とおっしゃったけど、本当にそうなのか？　そうあってほしい、というのはわかるけどね。実はこの二つは難物で、相手を呑み込みたい欲求、とか、すべてを自分のものにできない葛藤、なんぞのダークサイドがどうしてもついてくるやっかいなもので、自由を縛り、縛られる不自由さを快感と感じる回路が、すなわち恋愛の喜びのひとつだとも言えるのではないかな。ちなみに、二村さんは、相手から「女としての私を背負って」と期待されたら、そうします？

二村　背負うというのは「責任を取る」ということですか？

湯山　シンプルに言うと、二村さんの心も体も私だけのものにしたいということ。そして、その代償として、私はあなたを愛して尽くすことに人生捧げますから、となる。

二村　一体化の幻想、ということですか？

湯山　恋愛にはその側面が必ずある。本当にカルト宗教みたいなもんですよ。「私、恋愛体質なの」という女性は確実にこの自動思考に入っています。昔から、この手の恋愛物語は、文学や映画表現の一大ジャンル。映画『ベティ・ブルー』とか、『アデルの恋の物語』なんぞの主人公はみんなこのタイプです。

二村　ドラマチックすぎるというか、度がすぎて面倒くさい女性、いわゆるメンヘラ女子のほうがセックスがエロい、ということがある。

湯山　そこがセックスの面白いところで、一途なエネルギーが心を打つんだろうね。悲しいかな、エネルギーはネガティブなもののほうがパワーが出る。ルサンチマンを多く抱えた人って、出世しやすかったりするじゃん。それと、やっぱりそこでメンヘラを蔑む軽蔑欲情回路が男に発生していることは確実。

二村　メンヘラ傾向のある女性のセックスは、彼女自身の頭の中の「理想のセックス」をなぞっているからエロいんじゃないかと言った人がいます。それは〝我《が》を捨てていない〟わけですから、身体的なオーガズムには達しにくいと思うんですが、妄想や理想とするセックスを男性と共有しやすくはある。サービスと

湯山　いうか、パフォーマンスも濃い。メンヘラの子は、社会で承認欲求を満たされない分、セックスでその欲求を満たそうとするから、セックスにかけるエネルギーが強いんだろうね。メンヘラに学ぶべきは、セックスに最大級のエネルギーを投下するところ。そして、本当に真面目ですよね。その真面目さが、また面倒くさいところでもあるんだけど。

二村　自分の恋愛に対して真面目だし、自分に刻みつけられてしまった被害者意識について真面目ですよね。だけど最近、そういうメンヘラ傾向のある女性、こちらに依存してくる女性とは、しゃべっているだけで苦しくなるようになった。こじらせてるところがあっても、自分がこじらせてるとわかっていてそれに酔っていない人、ある意味〝男性性がある女性〟というか、精神的に自立している女性のほうが魅力的に思えてきた。「私は私（人間）」であることと「私は女」であることを、うまく使い分けられている人のほうが、友人としても楽しく付き合えることに気づいたんですよ。

湯山　まあ、やっかいな「女なるもの」を乗りこなせて、ツールとして使える人ということですよね。現状のこじらせ女子たちは、全員脱落だし、自分の生き方の欲望のコントロールができている大人ということなので、男も女もオール幼児化時代には、こういった大人のプレイヤーたちは45歳以上になっちゃうんではないだろうか。

二村　若い恋する女性にはメンヘラ性が必ず生じてしまうものなんでしょうか。いや、男性にもメンヘラ傾向の依存性が強い若者が増えていますよね。ある程度年齢を重ねないと、人間は自分の依存心が〝あきらめられない〟のか。いや、男は中年クライシスと重なって、年を取ってからメンヘラ化する場合も多いか。

湯山　難しいのは、その境地にやっと立てた年齢だと、身体的にはホルモン減少などで、肉体の性的エンジンとルックスの老化などを迎えてしまっている、というアンビバレンツがあるんですよ。世間一般のセックス規範「いい年をして」がブレーキをかける。「私もしくは俺のこの中年丸出しの肉体では、相手が萎えるに違いない」と。そしてまだまだ、「いい年をして色狂いは見苦しい」という規範は強い。そんなダルダルの肉体同士の性愛は、ひょっとして、弘兼憲史のマンガ『黄昏流星群』でしか表現されていないんじゃないかと思いますもん。

マンガや小説はそのあたり、ごまかして書けるからね。でも、話を戻すと、どう考えてもおトクではない、面倒くさい女性が、なぜ、男の心をつかむんでしょうかね。

二村　それこそ男の「侮辱できるぞ」という気持ちと甘い罪悪感を、同時にいい感じに刺激するからでしょう。真面目な男性の場合は、「救ってあげたい」というけど。感情を抱くんでしょうね。その感情の裏側にも支配欲があるのだと思いますけど。僕の個人的な話をすると、面倒くさい女性に反応する気持ちの奥には、僕と母親との関係があるんだと思います。母はシングルマザーの開業医として働き、僕は一人っ子の男の子として、忙しい母の代わりに女性の看護師さんや家政婦さん、たくさんの女性たちに溺愛されて育った。昭和には珍しい、超現代的な環境です。ではそれで女たちの王国はうまく回っていたのかというと、そうではなかったことに最近やっと気づいたんです。女性たちは僕の母の愛や信頼を得ようとして、まるで〝モテ男をとり囲む女たち〟のようなドロドロした感情があった。だから僕はそれをモデルにして「僕のせいで人々が嫉妬し合う状況」を再現しようとする傾向がある。母は患者第一で、仕事好き。患者さんにはめちゃめちゃ信頼されている一方、看護師さんが思うように働かないと激高してメスをぶん投げたりすることもあった。あるいは意識的に〝男〟を演じていたのかもしれない。でも〝僕にとっての父親〟という役割は演じてくれなかった。僕の「引き裂かれ」はそのへんから来ている。僕はたぶん母がやってたことと同じことをやりたかったんです。

湯山　「僕のせいで人々が嫉妬し合う状況を再現」とは、強力に面倒くさいなあ（笑）。その本音は、人々にはいつも自分のことを気にかけていてほしい、という支配欲に見えるのだけど、もっと手前の「愛の欠乏症」なんですよね、きっと。私の友人のひとりは、人間関係で巧妙に「私を気にかけてちょーだい」モードを作り上げる策士だった。凄く頭のいい女性なんだけど、長いこと付き合っていると、その遠回しの「私に気を使え」エネルギーのあり方がわかっちゃって、心ある人間は離れていく。

二村　僕がAVの中で描いてきた痴女、性欲は強くて男に優しい、すなわち〝いい女〟は、男っぽいところもあり、かわいらしいところもあり、エロいことはもちろんですが、男の欲望や都合をすべてわかってくれる女性でもある。でもそれは甘やかされて育った僕の幻想で、そんな女性は現実にはいません。現実の女性には、それぞれの都合がある。

湯山　はい、そうです。

二村　昔から「淫乱女」や「セックスに欲深い女」というジャンルは、日本のポルノにも存在していました。でも僕らが痴女というスタイルを確立する以前はマニアックなジャンルだった。それを「痴女というのは、ただ淫乱なんじゃない、いい女なんですよ。みんなこれを見たかったんでしょう？　これは変態じゃありませんよ」という演出をしたらウケて、以来15年、今や女性が積極的にふるまうセックスというのが、少なくともAVにおいては普通のことになってしまった。女優たちはデビュー作から、こっちが教えなくとも自主的に男の乳首を舐め、エロいフェラをします。女性のエロさの民度が上がった。

言ってみれば、僕が子どものころから妄想していた理想の世界が日本中で現実化し、多くの女性がAVのようなエロい接吻やエロい騎乗位をするようになったわけなんですが、宮台真司さんが指摘するように「女性のエロのパフォーマンスは上がったけれども、いいセックスは減っている」。つまりメンヘラが増えた。あるいは橋本治さんの言う「自己を確立し、自分と相手を切り離した上での、正しい恋愛陶酔能力」を持つ男女が減った。

湯山　そうね。昔は男にも女にも性の情報が限られていたから、好きになったふたりは本当に見よう見まねで、それこそふたりのオリジナルなやり方を創り上げるしかなかった。それはふたりだけのオリジナルだからオーダーメイドの絶対にいいセックスなんだろうけど、もう、そこがマニュアル化してしまっているしね。

二村　モテない男は「素人女性もエロくなった」という情報だけを得て、それなのに自分はそういう女と巡り会えないルサンチマンを抱えて風俗嬢の体を傷つけるような下手くそな指マンをする。モテるヤリチン男たちはマグロ化して、支配できる女に命じてエロく舐めさせる。

女性たちも自立できたわけではなく、恋愛で承認されたくて、ひとりの女をちゃんと愛せない男に恋をして、そういう恋は必ず同時に憎しみをはらみますから、かつて僕が女優に指導していたような大胆なセックスがどんどん上手になり、恋をしている間は一生懸命に奉仕し、素人なのにオーガズムの演技をし、恋が冷めた途端に「なんでこんなに男に奉仕しなきゃいけないんだろう」と怒り、恋と憎しみに引き裂かれ、ますますメンヘラが増えていく。

僕の妄想を映像化したようなフォーマットが普遍化したということは、僕のマザコン、僕の〝女性への甘え〟が、少なくとも時代には即していたということでしょう。でもそれは「コミュニケーションとしてのセックス」ではない。

湯山　「淫乱女」や「セックスに欲深い女」というのは、淫乱じゃなくて、性を享楽できる自立したい女だ、というレッテルの張り替えは、二村さんのヒット作と同時に、いやそのちょっと前から、女たちの間でも周到に準備されてはいたんです。岡崎京子や内田春菊のマンガや、初期の「アンアン」のセックス特集なんかでね。しかし、責任も引き取りかつ自立した精神の土台がないのに、このカッコいい淫乱イメージだけで、性愛フリークになった女は男からも女からも軽蔑されてしまう。なぜかと言えば、彼女たちは自立したセックスが大好きな快楽主義者ではなく、嘘つきだから。これ、名うてのヤリチン男に聞いたのですが、彼は本当にセックス好きなヤリマンは少ない、という意見の持ち主なんですね。なぜならば、ヤリマンの多くは、「ヤリマン行動を打ち止めにしてくれる男」と出会うことが目的で、だとすれば、彼女たちはセックスが本当はあまり好きではないということになる。もっと言ってしまうと、ロマンチックラブ信仰にのっとった性愛の果ての幸せな結婚目的、いや、この男で打ち止めのパートナー探しが透けて見えてしまうから。そのセオリーでは、淫乱な性的パフォーマンスは、「結婚、または、最高のパートナーを見いだすためのサービス」になってしまっているし、ある種の取引になってしまっている。だから、嘘つきなのよ。ともあれ、最近の若い男たちには、女をイカせるエネルギーが感じられないのは事実だよね。それよりも、俺をイカせてくれに目覚めちゃったわけだし。

二村　こうなったら男も、ふんぞり返ったままイクんじゃなくて、自我を手放して女のようにイクことを目指すべきだと思うんです。それ以外に、男女が対等に恋愛をして対等にセックスする方法はないんじゃないか。そこで射精ではない男性のオーガズムが必要とされるわけなんですが、その手がかりを得るためには女性のオーガズムについても研究せざるを得ない。そしたら、これがまた奥が深い。

湯山　また、難しいところにいきますね。女のオーガズムって、現実的には、本当に男性を巻き込むぐらいの感動的態度なんだけど、それを視覚化するってどういうことになるんだろう？

二村　映像に収録できる顕著な現象としては、腹筋の痙攣ですよ。かつてスポーツをやっていたとか、あるいは生まれつき筋肉質な女性のほうが身体的なオーガズムを得やすい傾向はあるようです。精神的なオーガズムはまた別ですが。

以前は、僕は男優をやっていてもクンニリングスをあまりしなくて。序章で話したような、自己肯定感の低さゆえに自分のマンコを〝汚いもの〟だと思い込んでいる女性がAV女優さんにも多いんです。そういう人に甘えて、サボっていた。

湯山　だめだねぇ～。私は、常にクンニ最低2時間と言っておる（笑）。

二村　7～8年前に、ある女優さんから「二村さん、クンニをしないのは男として間違っている」と説教されて、するようになりました。

湯山　「説教されて、するようになった」って、気持ちが全然入ってないところが嫌だね（笑）。

二村　申し訳ございません。セックスにおいて「自分のセオリーはこう」と決め込んでいたら、本当に損ですね。自分のルールが大事だと守るのは、自分しか見ていないということ。もっと世界を見たほうがいいですね。

湯山　ま、今後、女性と良好な関係を維持したいのであれば、二村さんはヤリチン主義の自分を解放して、ヤリチンは自分の個性だから、と相手に認めさせればいい話だよね。パートナーの女性が「私はほかの男とはやらないけど、アナタはどうぞ」という結果も、パートナーシップの強いカップルだったら、あると思う。

二村　そうですね。自分に罪悪感を抱いていると、ますます面倒くさいことになる。男の罪悪感と女性の被害者意識は、本当に表裏一体。お互い刺激し合ってしまう。

湯山　でも、「自称ヤリマン」は気をつけたほうがいい。『ビッチの触り方』(飛鳥新社)でも書いたんだけど、性風俗ライターの松沢呉一《くれいち》さんが性遍歴を語った中で、体験に基づいて「ヤリマンに憧れてる女のパターンが一番ヤバい」と言っていたの。

二村　あ、それも、よくわかります。それは僕が言うところの〝ネガティブなヤリマン〟です。

湯山　本当のビッチは、ピュアにセックスを楽しみたい、自分の欲望に忠実に生きたいからこそ、社会的にデメリットを受けないよう周りにバレないようにヤる。ということは、自分から「私、ヤリマンだからぁー」なんて人に言わないわけ。完全に自分の欲望と社会制度をいっしょに走らせて両立してるんです。だから本来ヤリマンって、自立し、そしてコントロールの利いた大人でなければならない。

二村　ポジティブなヤリマンはクレバーだ、ということですね。ただ、ネガヤリマンとポジヤリマンって、付き合う男によっても年齢によっても環境によっても反転しうるとも思う。

湯山　誤解を恐れず言うならば、二村さんは経験数は多くても、ずっと女の種類としては、上等の寿司だけ食べてきたようなものだと思いますね。才能のあるAV女優さんと、二村さんの性的嗜好に合う二村ハーレムの素人さん。ネタの違いだけで、基本はいっしょ。そうじゃなくて、ステーキもきりたんぽ鍋も、発酵食品の極北、スウェーデンのニシンの塩漬け缶詰、シュールストレミングまで味わったほうがいいというのが私の意見です。

女への憎しみ、恐怖から、女を支配しようとする男

二村　「当たり前のことを訊くな」って話なんだけど、湯山さんはなぜイケメンが好きなんですか。トロフィーワイフ的な感じ？

湯山　イケメン好きということではないんだけど、気がつくと昔から周囲にはルックスがいい男性が多いですね。というか、学生時代からモテていた男が多い。これ、重要なところなんですが、小学校時代からモテていた男は、コンプレックスがない分、女をマウンティングしないし、愛して尽くすことで依存を仕掛けてくる女性に飽き飽きしているから、私みたいな規格外のヘンな女のところに集結する。その結果のイケメンハーレム状態なの。

二村　余裕ある男なら、女と対等になれる。自分と対等な女に腹を立てないということですね。

湯山　そう。コンプレックスが強い男は、まず「男を立てないし、立てる気がない」私に苛立ちと不安を感じるでしょうからね。モテる男はバランスのいいご飯定食、みたいなものは、飽き飽きしてます。だって、バレンタインデーのチョコレートをもらい飽きている男ですよ。だから、ブルーチーズみたいなクセ者女と「面白いから、いっしょに遊ぼう」となる。そこで二村さんには、アラフォー以上のいわゆる、自立しつつ中身もオモロイ女たちが直面し、手こずっている一大案件にお答えいただきたいんですよ。何かというと、年下男との恋愛。今どきは15歳年下なんていうことはザラにあるんだけど、実のところ、成功率はそんなに高くない。この間、知り合いの同世代女性から聞いた話は本当に身につまされた。ひとつ年上の彼女は、小説家の小池真理子と藤田宜永夫妻のように、フランス貴族的な「結婚したからといって、お互いの恋愛を止めることはない」と納得し合った上で結婚し、それで長いこと結婚生活が続いているタイプ。その彼女が、20歳年下の男の子に目をかけて、最初は年上の女友達として付き合い、その後、体の関係ができて、さてこれから、というところで苦い破局が来たんですよ。

二村　詳しく聞かせていただけますか。

湯山　仕事関係で知り合ったらしいんだけど、企画の進め方なんかでその若い男はいっぱしの意見を返してきて、育て甲斐を感じたたし、本当にいいなと思うようになって、いろんなチャンスも与えてあげたらしいの。しかも、かなりのイケメン。惚れた弱みでね。彼が心理的にアガるポイントもわかってきたから、まあ、最大級のツボを押さえた賛辞を彼に対して巧妙に呈してきた。そしたら、あるときから急に彼の態度にふんぞり返る感じが出てきて、彼女の人脈を勝手に使い始めるようになったんだそう。ギブアンドテイクの関係において、年上の惚れたほうがギブばっかりというのは定石、というのは彼女もわかってはいた。そんなときに年下男からのギブは、真心と真摯さだけでいいのに、そこにある種、軽蔑みたいなものが入ってきたんだというのね。だんだん、そのあたりが気になってきたときに、ついに、セックスに至るわけですよ。

二村　してみたら期待外れだった、ってことですか？

湯山　そう、その現場が衝撃だったらしい。要するにヘタ。前戯も全然できずに、「これをもってセックスと呼ぶのか」と問いたくなるような感じで、「慣れてないというだけじゃなくて、もしかしたらセックスを憎んでるんじゃないかと思った」って彼女は言ってましたけどね。ちょっと面白いな、と思ってもっと詳しく訊いてみた。その彼、友人と付き合っている間に、2回、付き合っている女が替わったらしいんですよ。友人のほうはそういう独占欲はない人だから、それはオッケーなんだけど、その歴代の彼女が、言っちゃ悪いけど召使いみたいに地味な後ろから付いてくるような女ばかりで、彼女はその女の選び方を見て「あれ、この人何か問題があるのかな」とは思ってたんだ、と。

二村　女を喜ばせるセックスをしたことがないままきちゃったんだろうというのは想像できます。彼がふんぞり返るようになってきたのは、一般的に言えば「甘やかして、なめられたね」という話なんだけど、それだけではないと思う。彼は最初から、そのお友達に複雑な感情を持っていたんでしょう。それがセックスの場で噴出した。彼はプライドが高いから、いっしょに食事をしても彼の美意識として、ものおじしない演技はできていた。でも実際に付き合う女性は端女《はしため》のような、自分に従う人ばかり。そのほうがコントロールしやすいというだけじゃなく、おそらく彼は女性との関係に、デフォルトで〝憎しみ〟があるんですよ。

湯山　その分析、面白い。

二村　表面上は、彼女にリードされる形がもの珍しかったんでやってみたけど、やっぱり彼のやりたかったことは女性を、チンコとマンコの付き合いではないところで、支配すること。支配できない彼女のことが憎かったのだと思う。なんでもかんでも親子関係のせいにするのは能がないと思うけど、しかしどうもそれは彼と彼の母親との関係に、そもそもの何かがあるような気がする……。

湯山　友人はなんと彼のお母さんにも会っている、というんですよ。なんでも男のほうが彼女のことを「もの凄く仕事上でチャンスをくれて、いろいろ教えてくれる素晴らしい女性だ」と母親に紹介していたらしく、彼からの誘いで彼の友人の写真展のオープニングに行ったら、母親を連れてきて、いっしょにお茶したらしい。母親は本当に普通の穏やかで朗らかな専業主婦、という感じで、本人も陶芸とかやっていて、子離れしている人だな、と思ったというんだけどさ。しかしながら、冷静に考えるに、彼女とあまり年が違わない女が、息子を狙っている女を警戒しないわけがないでしょ。そのへん鈍感なのか。

二村　お母さんが一見いい人に見えるところが、地獄の穴ですよ。支配されていることに息子本人が気づいてないんじゃないかな。お母さんに対する怒りを意識化できていないから、無意識のうちの憂さ晴らしを、自分が支配できる女性に対してしている。母親が娘を支配するケースはよく聞く話で、それによって母から女性性を否定されたメンヘラ気味の女性が大量に生まれたのだけど、彼の場合は、ただのマザコンとはちょっと違いますよね。今の若いモテ男を象徴するようなタイプでもある。

湯山　彼がふんぞり返り始めて、セックス以外の点でも誠意のなさと傲慢さを感じたんでしょうね。「大手代理店に転職したい」というのが彼の夢で、「今の時代、大手企業がどうこうじゃなくて、それだったら起業したほうがいい」と彼女はアドバイスしても、「やっぱり、仕事は大手でデカい案件を扱わなきゃ、意味ないですよ」なんて言うらしい。夢は昭和時代の男のそれと変わっていない、という。

二村　そこに、お父さんの影は見えるんですか。

湯山　なさそうですよね。

二村　お母さんの影響力だけが強いということなのかな。とにかく女性に対する憎しみと恐怖が裏腹にあるんでしょう。女を支配できないと怖いし、マンコそのものが怖いんだろうな。だからセックスもおざなりなんでしょう。女性に取り込まれてしまうのが怖い。セックスのときに乱れたり、尻の穴まで開いて見せるような、カッコ悪い行為もできない。

湯山　それでもって、彼女の中で、その若い男に見切りをつけた事件というのがあった。彼女が彼を食事に連れていったときに、いい感じになったのでホテルへ行こうかとなった瞬間、「行くわけないじゃないスカ」と非常に冷たい拒絶にあったらしい。

二村　やっぱり憎しみと、自分自身への苛立ちがあるんだろうな。

湯山　で、「その言い方は何だ!?」と彼女は怒って口論になったときに、彼女の怒りに火を注いだのが、「僕が悪いんですか！」という逆ギレ。で、彼女は「あんたは悪くない。だけど、あなたの態度や言葉を受け取ったこっちは気分を害したんだよ」と、スカッドミサイルを5発くらい撃ち込んだらしいんですよ！

二村　今まで、立場が上の女性から、そういうふうに怒られたことはなかったんじゃないかな。彼より「下」の女に泣かれたことはたくさんあっただろうけど。

湯山　彼にとっても、業界にネットワークと人望がある彼女との付き合いはメリットがあったのにね。彼が入りたい大手代理店のコネなんか、彼女は一発で通せるのに。彼女がその怒りを、彼の出世の具体的な妨害に使わないことを祈りますよ（笑）。

二村　応援されることがうれしいのと同時に、応援されたことに憎しみを抱いている。幼いプライドが傷ついたんでしょう。

湯山　彼女のほうは、みんなで50歳すぎてあれだけのタマを食えたんだからラッキーでしょ、となだめたんだけどさ。プンスカ怒ってましたよね。いつも冷静な彼女が珍しく深酒だったし、それほど傷ついたということです。この話の教訓は、若いイケメンは「連れ回し」でやめておく。更年期以降、性欲がなくなってきたからこそ、ヤッてみたいというところが彼女にはあったと思うんだけど、今の若い男の自己中心的で子どものセックス観では危険すぎますよ。

二村　でも、そうやって女性側もなるべく被害者意識を持たずに、ケリをつけていければいいんだよね。「2発できたから、いい思いしたわ」って。それは大事ですよね。

それにしても、先ほど湯山さんは、「イケメンでモテる男はコンプレックスがない」と言っていたけど、その話の顔が美しい男の子は、表面的にはうまくいってたけど根底には憎しみがあるように僕には思える。美人のコンプレックスが大変なのと同じように、イケメンにもコンプレックスはあると思うんです。「お前は俺の顔が目当てか」というコンプレックスや、女性への憎しみ。

湯山　そうかもね。

二村　彼の怒りのポイントがそこだとしたら、そのお友達は、付き合いの最初から彼を傷つけていたのかもしれない。

湯山　確かに、彼女が彼をピックアップしたのも、見所あったから、なんて言ってたけど、実はルックスですよね。ルックスの土台ありきで、その上に「見所」が乗っかっている。「見所」が彼女の心をつかまえたわけではない。

二村　諸刃の剣ですよ。お母さんから離れても、やっぱりマンコに支配されている。母なるものであり自分に自信を持たせてくれるものが、逆に首を絞めてきたりする。彼もつらかったと思いますよ。女に対する憎しみがあるときに、男はふんぞり返る。それは無意識にしているわけではなく、相手を傷つけるためでもなく……、いや、傷つけるためにやってるんだけど、相手を傷つけることで自分の中で均衡をとってるんだよね。

湯山　「女に対する憎しみ」を、もう少し説明すると何？

二村　何か「自分が割を食ってる」という感じかな。「損をしてきた」という思いが、お相手の彼女に対してというわけではなく、女性全体に対してあるんじゃないかな。

湯山　今の男はみんなそうでしょう。気がつくと優秀な女がどんどん社会に出てきて就職だって平等になって、その一方でデートで奢らなきゃいけないモードも残っていて、専業主婦の夫は「誰のおかげで食っていけるんだ」という言葉をいつも飲み込んでいて。割を食ってると思ってる。

二村　そうした女性への憎しみを、モテる男、セックスチャンスのある男はセックスや恋愛の場で女を侮辱することで解消する。セックスできない男たちの一部はネトウヨ化する。

湯山　いやー、腹が立つなあ。実際の日本社会は男のほうがまだまだ既得権が手厚いから、おトクなシステムが多くて、実は割なんか食ってない。本当は女が怒らなきゃダメなんだけど、女は男に対して怒らないよねぇ。

二村　いや、多くの女性は、うっすら怒ってると思いますよ。

湯山　「うっすら」じゃダメ。鈍感な奴はわからないよ。日本の女は優しいんだな、その反面、陰険だけどな。

二村　ていうか、女性がうっすら怒っていることに男は実は気づいていて、みんな、うっすら怯えている。鈍感に見える男というのは怯えているから強く出たり、怯えているから暴力をふるったり、怯えているからふんぞり返るんですよ。女の人は、男に対して怒ることを子どものころから禁じられているから、かわりに「めそめそする」という回路を作られてしまっている。もっと多くの女の人が、陰険に自分の感情を封じていないで、怒るべきときには怒ってスッキリしたほうがいいんじゃないですかね。どうにも怒らざるを得ないところまで追いつめられた女性たちだけが怒りを表明し続けている世の中だから、一部の男からクソフェミ呼ばわりされる。普通の女の人が、もっとカジュアルに人間関係の中で怒ってもいい。

怯えている男たちは、ふんぞり返ったり、ネットにヘイト発言を書き込んだりしてないで、もっと、ちょくちょく泣いたらいいんじゃないですかね。「男泣き」みたいにかっこつけて泣くんじゃなく、悲しかったり苦しかったりしたら普通に泣いたらいい。でも、ほとんどの男は自分に感情というものがあることが、わかっていないんだよな。

湯山　女の人、保育施設の問題で訴訟に立ち上がったり、ずいぶんとアグレッシブに怒りの声を上げるようになっているけど、怒る姿よりも被害者としての泣きのモードが入って、せっかくの怒りを周囲にアピールできないことが多いよね。それと、女の人の我慢強さというのも考えもので、怒りをこじらせる前に、小出しに爆発したらいいとは、本当に思います。

セックスに不自由しない男はなぜ嫌われるのか

湯山　日本は母性が強い社会だと言われている。加えて、近代家族制度とのハイブリッドだから、もちろんのことヤリチンは嫌われる。浮気も嫌われる。性欲が旺盛なことに対してこれだけ強いタブー感があるのは、それが家族崩壊の火だねになりかねない、ということと、加えて、お母さんの中に「息子のチンコを把握し、コントロールしたい」という欲望があるからじゃないかな。息子のソレもそうだけど、それ以前に夫はもちろんのこと。ただし、夫のチンコは現在、義理でもいいから起動するかというとそれもない。男が悪いわけでもなくて、恋愛感情とセックスが一致しなければ無理、という女側のセックス観にも問題がある。みんな異様にヤリチン、ヤリマンを蔑むけど、「艶福家」というようにセックス好きの、その豊かさを愛でればいいのにと私は昔から思っているんですよ。そういう肯定感がないのは、現実的に、さっき二村さんが言っていたように、数を競ったり、自己承認の相手だったりの、艶福家とはとても言えないようなタイプが多いからなんだろうけど。

二村　でも、ヤリチンや浮気がタブーだからこそかえって興奮するというところもありますよね。「あいつ、いい女だからセックスしてくるよ」「どうぞ、いってらっしゃい！」となると、逆に勃たないことがある。

湯山　まあね。しかし、そこをなんとかしてこその男だろう、と。

二村　僕は父親がいない分、母親との葛藤があり、母親を憎んでいるところもあるんですけど、オチンチンを肯定してくれたことに関しては本当に感謝しています。でも、それもコントロールなのかな……。母側のおじいちゃんはヤリチンだったそうです。普通は父親がヤリチンだったら、苦しめられている自分の母親に感情移入して娘は父親を憎むものだけど、うちの母ちゃんは自分の父親が大好きで、ヤリチン肯定派だった。それは男性社会肯定ということに置き換えられるのかもしれないけど、あまり苦しんでなかったようなんです。

湯山　私の母親もけっこう父にふりまわされながら、父を尊敬して、立ててましたね。「あんなに素敵な曲を書く才能は他にいない」と。父は相当難しい人だったから、そこをヘルプし、社会との調整を取ることに生き甲斐を感じていた。しかし、そこからが彼女の凄いところで、自分の欲望をその環境の中で実現する方法を選び取り、児童合唱団を立ち上げちゃった。周りからどう思われようとフンフンと流せる強さがあったね。「人の話を聞かない。受け入れない」というハートの強さは、相当なものです。母は飛騨高山の伝統菓子屋の娘で頭もよくて進学校に入ったんだけど、ピアノの紙鍵盤で練習して、「東京に行きたーい」

と東京の音大附属高校に移って、手が小さいからっていうんで、作曲科に転科するときの家庭教師がウチの父親。彼は、父親を早くに海軍で亡くし、母親、つまり私のおばあちゃんが教師をしながら育てた。父は、鍵っ子の寂しさを音楽にぶつけたら花開いちゃって、これまた一発で芸大に入学しちゃったという。両親とも努力と思い込みの想定外の天才ですよ。だから、私の育て方も「獅子は我が子を千尋《せんじん》の谷に突き落とす」じゃないけど、音楽の道で食っていくのには、自分の強い意志と才能が必要、と思っていたから、私がピアノをやめたいと言えば、「しょうがないな」でハイ終わり。早いうちから「お前は才能がない」とおしまい。

二村　親は親、子どもは子どもとして、いい意味で関係が切れてるんですね。お母さんは自分の人生を生きていて、娘が自分より能力が劣ると思ったら「お前はやらなくていい」と切り離した。「私の娘なんだから」と娘を支配しようとしなかった。なるほど、そのほうが強い人間に育つと思う。今の若者に問題が多いのは、父親や母親が自分の人生の生き直しをさせるからでは。

湯山　生き直しをさせるし、依存もするよね。女は結婚しか生きる道はないと言われ、家庭に縛り付けられ、しかし、家事のほうは家電製品や外食産業の発達でどんどん時短され、暇ですることがないから、子どもにばかり愛情エネルギーを注ぐ。暇をいいことに、趣味や社会活動や遊びに入れ込めばバランスが保てるのに、真面目なタイプは、全身全霊子どもの世話と心配です。それというのも、まだまだ、世間には、「子どもよりも自分の欲望を優先させる母親」はよろしくない、という空気があるからね。今の30代くらいの女性の母親たちは、全共闘世代でもあり、大学まで男女同権モードの教育を受けてきたのに、さて就職となると、まったく窓口を閉ざされていて、仕方なく結婚して家庭に入らざるを得なかった。そんな女たちが、家を顧みない夫のもとで、その怨嗟《えんさ》と不全感を、愛情という名のもとに子どもに注ぎ込んだキライがある。

二村　それがこじらせ女子やミソジニーヤリチンやダメ男を再生産しているんでしょうね。湯山さんの世代にはそういう親はいなかった？

湯山　いや私の世代から、すでにそういう親が出てきていますよ。小島信夫の『抱擁家族』という小説は、戦後民主主義の申し子の男女が、そういう体で結婚したら、まだまだ伝統的なイエ制度は周到に残っていて、その矛盾とダークサイドを全部、家庭の主婦が被ったというほころびが、家庭を崩壊させてしまう話です。この後の全共闘世代の女性たちは、この戦後世代の女のあきらめを「冗談じゃないぜ」と覚醒するところまではきていたんだけど、ギャグのように社会進出の道は閉ざされていたという事実にはガックリきますけどね。私が育った地域は大学卒のお母さんも少なくなかったし、海外駐在商社マンの妻も多かった。エリートの核家族ばかりが集まる地域に住んでいた彼女たちのロールモデルは、もちろん同世代の美智子妃殿下。子育てが、嫁ぎ先のお姑さんや実母に導かれるというよりも、『スポック博士の育児書』みたいなマニュアルになったのも、私の親たちの世代ですよ。子どものおやつを手作りしたり、アップリケを作ったり、お誕生日会を開いたりの、今の母親と同じことはもうやってましたね。田舎の主婦はまだまだだったと思うけれど。それなのに、いや、それに加えて、音大の作曲科卒という非常にハイソなスペックを持っていた私の母は、そういうことを一切せずに、前日の残ったうな重を逆さにして弁当箱に入れ替え、上に梅干しを載っけて、平然としていた。うなぎと梅干しって、最凶の食べ合わせでヘタしたら体壊すよ（笑）。そこのところは、昔は恨んだけれど、今は本当に感謝している。

二村　親は神様でなく人間。「うちの母は嫌な女で」と言えるくらいが、いい感じの強さだと思う。

湯山　昔は、子どもは天使という反面、やっかい者だ、という実感の民意もきちんとあったと思いますよ。岡本かの子なんて創作中に息子の太郎が邪魔をするっていうので、柱にくくりつけていたし。それもしょうがないやね、という合意が私の子どものころまであったはずなのに、「子どもをやっかい者にしてはいけないし、そう思うことすら罪」という風潮になってしまった。ウチも親の顔に「お前はやっかい者」と書いてあったから、やっかい者らしくちゃんと生きなきゃいけないと自覚したね。人生の初期に私は人格を否定されてますよ。力いっぱい殴られたこともあったし。「お前たちを食わせてやってるんだ」という言葉ももちろん投げつけられながら、「世の中、こういうものだ」ということを幼稚園、小学校のときに叩き込まれた。

二村　湯山さんよりちょっと上の世代は、男親が殴ることがよくありましたね。

湯山　今では考えられないでしょうね。

二村　殴られた世代によって今の日本のダメな社会が作られたわけだから、暴力礼賛をしたいわけじゃないけど……。

湯山　もちろん、殴るのはよくない。今の親に「殴れ」と言っているわけではないし、「殴られたほうがいい子が育つ」と言いたいわけではない。ただ、いつどんなときも「親は子どもを突き放しては絶対にいけない」「子どもに『愛してる、愛してる』と言い続けなければならない」という流れは、一見、正論に思われていますが、結果的に子どもの首を絞めていることに繋がることも多い。

二村　本当の愛情ではない「愛情という名の真綿」で首を絞めることになる。客観的に見たら完全に間違ってる親のふるまいを「否定するのがおかしいんじゃないか。恩知らずなんじゃないか」と自分でも思ってしまったりする。

湯山　最初に世の中の「理不尽」さを教え込むには、思春期に、それも肉親の誰かが憎まれ役になったほうがいいと思うんですよ。それを乗り越えないことには、他者がお互いの思惑で動き回る、ジャングルのような実社会を生き抜くことはできない。それを教えるのは父性といって父親の役目なんだけど、今どきのネオパパは、「子どもといっしょに子どもと仲間でいたい」という、漫画『ワンピース』症候群なわけだからそれができない。とはいえ、核家族になってから の昔のパパも「家庭のことは妻にまかせてますから」と不在だったから、世界 の「理不尽」に打たれ弱く、引きこもろうとする子どもたちは、もう二世代、 三世代なのかも。

LINE時代の母と息子の癒着

湯山　今は国や会社に頼るとリスク大の世界だから、基本、自立訓練を重ねないと生きていくことが難しいという時代に突入しています。

二村　弱いから、強い者に怒られないように無難な仕事をするか、戦力にならない人と見なされてブラック企業に入って殴られるしかない。そんな状況じゃ自己の確立もくそもないですわ。男も大変。どうしたらいいんでしょう。

湯山　まずは、男も女も母親の重力圏外から脱して、地上の他の人間をきちんと愛することにがんばってほしい。男にマッチョを要求し、この世界を作った男を育てたのは母親。日本の夫婦は、セックスレスに顕著なように「向き合わなくてもいい」関係ですから、特に異性である男の子を持った母親の愛情はそこ目がけて強力に発射され、いつまでも息子を支配しようとする。

二村　母親は夫に侮辱されてるから、意趣返しに息子を支配するということですか。

湯山　そういう側面もある。

二村　復讐してるんだね、自分の母親からも侮辱され、自分の旦那からも侮辱されてきたから、自分の息子を支配して、自分の娘を侮辱する。

湯山　今の30代の結婚できない女性が、彼氏との破局の理由として少なからず出てくるのが、「彼ママ」問題。それがとてつもないんですよ。息子が「ガールフレンドを連れてきました」となったら、昔なら表向きは「よくいらっしゃいました」と言いつつ、厳しい目を潜ませたんだけど、今はもう大歓迎で、自分の服を譲ったり、母親の奢りで若いカップルと居酒屋に飲みに行ったり、「私たち友達みたい」な関係になるらしいんですよ。しかし、子どもたちが同棲を始めたりした後、ひとつでもその母親の気にくわないことを息子の彼女がしたりすると、豹変。じわじわと意地悪くなり、しまいにはあることないこと息子に吹き込んで別れさせようと画策する、という。息子がそこで母親に毅然とした態度を取ればいいんだけど、息子は息子で、いちいち面倒くさい彼女よりも、100パーセント自分を愛してくれる母親のほうを取ってしまう。以前ならば、イエの次世代を作らなければならない、というオキテがあった。しかし、核家族の専業主婦にはそんな思想はなくて、息子をそばに置いておいて、私が動けなくなったらよろしくね！　でしょうね。これが日本の少子化の根底には確実にある。本当に私の周りだけでこのパターンで、約2名が同棲から結婚に至りませんでしたからね。

二村　やることがないから息子に対する愛をそそぐ。それは、愛じゃなくて「恋」だよね。彼女と奪い合って、渡したくないわけでしょ。

湯山　疑似恋愛だね。この問題が根深いのは、仕事も女としても、充分満たされているような女性にしても、「息子は私の恋人」と言ってはばからないという事実。ずっとLINEで、「今日の夕飯は、外で食べてくるんでいらないから」みたいな連絡とり合ってるの。表向きは、「ウチは息子を自由にさせてほっぽらかし」と言っているんだけど、息子のほうで母親の無言のメッセージを受け取っているんだよね。それはボディブローのように効いていくはず。

二村　母子癒着ね。

湯山　男性は、自分の妻と息子が癒着しているから、自分は家庭の中に居場所がない、ということにもなる。日本だけじゃないよ。アメリカのバラエティ番組『サタデーナイトライヴ』のコントで、この手の母親の愛情支配をおちょくったものがある。「Facebookに有効なママ撃退アプリ」というヤツ。たとえば、このアプリを使うと、息子がどでかいマリファナの水パイプ吸っているところを、サックスを吹いているようにフィルターをかけて見せます、という爆笑モノ。

二村　ヤバい写真がお母さんの目に入らないように補正してくれるわけですね。

湯山　そうなのよ！　コントの中では、彼女とのベロチューの相手が腹話術師の人形に変わって、ママが「いいね！」と押すわけだけど、それだけママが息子のFacebookを見ていて、写真に「いいね！」と押すことが一般的だということですよね。

二村　アメリカでも母と息子は癒着している。もしかしたら世界中で、そうなのかもしれませんね。

湯山　今は、ＬＩＮＥやFacebookのような、相互監視にもなり得るツールがあるから、より癒着がキツくなる。外的要因は内部を規定するからね。先日、テレビで見て唖然としたのは、とある大学の学食で、５００円で栄養たっぷりのビュッフェランチができたという話。それってお母さんたちの発案なんですよ。「息子がインフルエンザにかかったときに、携帯に連絡しても出なくてパニックになったんです」「息子の食生活はコンビニ弁当で、これじゃいけないと思って立ち上がりました」といういきさつ。「はあ？」という感じでしょ。それをテレビでは「お母さん方が立ち上がった」という美談として伝えていたけど、小学生の話かよ、と思っちゃった。

親が自分の人生をまっとうすると子どもはグレない

湯山　私の両親は、放任主義を自認していた。それでも私がグレなかったのは、うちの両親の「音楽に突っ込んだ人生」が、本当に充実していて、迫力があったからだ。というか、ラクでトクな集団依存ということが、作曲家という父の生業では考えられなかったし、母親も作曲家の内助の功の妻というラクでトクを自ら外して、合唱団の指導者になっちゃった。クラシック関係の芸術家は大学教授のポストがメシのタネだったりするんだけど、そこにも父は反発していて、大衆が実際にお金を出して自分の曲を買ってくれるという、子どものためのピアノ練習曲や童謡、合唱曲やらマーケットのほうを選んだ。集団に属していろんなことを我慢する、という日本社会の常識から外れていた。

二村　それはうちの母ちゃんにも言える。母ちゃんは医者という仕事が本当に好きだった。

湯山　父は、「音楽と子ども、どちらを取るか」と言われたら、もう、はっきりと音楽だったでしょうね。それに関して私は悲しいと思わなかった。

二村　僕は母ちゃんの「母親業をちゃんとやれなかった」という罪悪感を、許さないといけないと思ってる。つまり僕が母への被害者意識を手放すということ。そろそろ母ちゃん、いい感じにボケてきているので……。

湯山　うちの親は私に対して罪悪感はまったく持っていないと思う。むしろ、逆に「玲子は親孝行をまったくしない」といつも怒ってる。「ひとりで育った顔をして……」と。その罪悪感というのは、二村さんのトラウマかもね。

二村　そうなんです。

湯山　でも、お母さんは医者としてまっとうしているからいいんですよ。

二村　母ちゃんは僕のことが大好きだったんですよ。だから「ポルノ業者にはなっちゃったけど、あなたの育て方そんなに間違ってなかったよ」と言いたい。

湯山　しかし、どうして、二村さんはそんなに親を意識するのかな。私はまったくそれがない。電話も滅多にしないし、向こうもしてこない。将来、死ぬだろうけど、そんなにダメージは感じないかも。

二村　それは僕もそうですよ。死んだらどうでもいい。

湯山　二村さんは、そんなわけないじゃん。

二村　そうなのかな……。湯山さんのご両親は子離れがうまかったんですかね。

湯山　彼らは彼らの中で円環が閉じてるんですよ。

二村　「子離れがうまくいかないんだけど、どうすればいいか」「子離れできない親を持ってしまったけど、どうすればいいか」といった質問には、経験なさってない湯山さんは答えられないですか？

湯山　いや、そんなの簡単ですよ。その質問に共通する心情は、自分も親も悪者にしたくない、自己嫌悪に陥りたくないという保身です。私は冷静に見て、母親とはセンスや考え方が合わなくて、好き嫌いで言ったら気が合わずに嫌いなタイプ。でも、私は母を尊敬しているし、愛情はある。その矛盾をごまかさずにホールドする心の強さを持ったらいい。だって、究極、親孝行を本気でするとなったら、判断基準は「親の笑顔」になるから、まず自分の人生は生きられないでしょ。年老いた親をひとり暮らしさせて、自分はパリに居続ける人がいる。これ、実は欧米社会ではよくある話なんだけど、そういうことを想像しただけでも罪悪感を持ってしまうタイプは、よく考えたほうがいい。

二村　親よりも、自分の欲望を優先させること？

湯山　うん。その結果、親の死に目に会えなくても仕方がない。

二村　なぜ人間は罪悪感を持つんでしょうか。

湯山　そういう物語が圧倒的に強化され、繰り返されているからですよ。

二村　『スター・ウォーズ』の新作「フォースの覚醒」でも「家に帰ってこず、子育てにコミットしなかった父親の罪悪感」が描かれていました。では、人間が被害者意識を持つのはどうして？　罪悪感と被害者意識は苦しい恋愛、よくないセックスにはつきものだけど、このふたつは裏表で、実は同じものだと思うんだけど。

湯山　私、あんな親だったけど被害者意識、持ってないなあ。

二村　1ミリも持ってなさそうですね、湯山さんは。

湯山　あるとしたら、プロの表現者のハードルの高さを常々刷り込まれていたから、ソンな回り道をしたと思うよね。私を応援してくれるタイプの親だったら、もっと若くして才能を開花させたかも（笑）。その程度の被害者意識はあります。でも50をすぎて、成功しているとは思えないけど、ここまできたというのは落とし前をつけた感じはするね。回り道の経験が今の仕事の引き出しになっているし。

二村　それは被害者意識じゃなくて、悔しさというか〝負けた意識〟であって、それをバネにして努力できているということですね。相手のせいにしているわけではない。負けたのは自分のせい、最初に負けたけれども挽回して、ここまでこられたというのも自分の手柄。被害者意識というのは、親であるにせよ恋の相手であるにせよ、人のせいにすることです。

湯山　状況を考えたら結構ハードですよ。ハンパな二世でしょう。父はクラシックの作曲家だから一般的にはそれほど有名人ではない。母ちゃんはその時代に主婦業をほっぽり出して合唱団なんか始めて、周りの人間から悪口がたくさん入ってくる。友達や近所の人から「あんたの家は変わってるね」と言われるし。そういう意味ならば、小学生のときは「私はかわいそう」という被害者意識があったなあ。子ども時分にその「人並みではない両親」を周りに知られないようにしなきゃ、とは思ったね。まー、よく生き残ったと思う。

二村　「被害者意識はよくない！」と自縛するのではなく、自分が被害者意識を持ってしまっているということを自覚して、それを認めれば、逆にあまり苦しめられなくて、最小限で済むのかもしれない。お父さんは、今の湯山さんを認めてるんですか。

湯山　大好きでしょうね。そう言わないけどさ。でも、インターネットで「湯山」と入れると、私のほうがヒット数が多いのは気にくわないみたい。面白いのが、私が大人になって、色気づいて、いい聞き役になってきたときから、私のことが大好きになった様子がある。

二村　色気づいたころというのは、いつごろのことですか。

湯山　大学生、20歳くらいですかね。考えてみれば、依存してくる子どもが嫌いで、きちんと自分がある自立した存在が好きだったといえる。今、私が何を書いても、親は大喜びですよ。「俺のことをもっと書けよ」と言ってます。自分だけのルールを持っているということは、両親からもらった一番大きな宝だと思ってます。だから、「〝一般的なこと〟は疑ってかかれ」と言いたいね。

50歳をすぎたら男はつまらなくなる

二村　僕は51になったんですが、老いへの恐怖は今のところあまり感じていないんです。どこかでガクッとくるのかな。むしろチンチンが勃たなくなってからのほうがモテるんじゃないかって楽観もしてる。性欲そのものは昔より落ちてるんだけど、女性に対する興味というか関心は、今のほうが強い。

湯山　私は男性への興味はだんだんなくなっている。むしろ女のほうが面白い。50歳以上は女のほうが、深みもあり、バリエーションも多く魅力的。男はどんどん単純化していく人が多くて、面白い人がいない。個々のキャラの問題ではなくて、男という種の本性が単純すぎるんだろうね。男好きなのに、男がつまらなく感じるなんてさ。

二村　僕は45をすぎてからも新しく、親しくしてくれる同性の友人ができたので、それも人によるかな。でも確かに男性って守りが堅くて、いばっていて、つまらない人が多い。

湯山　知識や教養の問題じゃないんだよね。感情の揺らぎだったり行動のバリエーションが男性は少ないし。自分の言葉があんまりない。

二村　逆に10年、20年前は、男性のどういうところが面白いと感じたんでしょう？

湯山　繊細さと無神経なまでの無鉄砲さが好きでしたね。自分にない考え方の癖とかですかね。「こんなところで振れるのか、こんなところにこだわってるのか」と新鮮に思った。

二村　つまり「男のこだわり」というものですか。

湯山　そうとも言えますね。それと、知識の探求の仕方も好きだった。女性は興味の対象をあまり深掘りしないからね。それらにおいて尊敬してたし、私もそうありたいと思ってた。でも今は、さすがに年の功で、情報と現場と両方の経験をずっと歩みを止めずに体得してきたから、それなりの知見は備わっている。男の繊細さについては、だんだんそれが魅力ではなく、甘えに思えてきちゃって。男美しいフラジャイルみたいなところを愛でられたのは、彼らがそうあっても許されるという既得権を持っていただけ、彼らが弱くても守られる社会があっただけだと今は思う。あと、よくこじらせ女子やBLファンたちが萌えている、「自分が入れない男子部室」ならではの男の世界の純粋さも、その部室が女を下支えにし、女を排除して成立しているところを何度も体験して、当事者として「ふざけんじゃねえ」になっちゃったし。

二村　湯山さんが、いろいろ知ってしまって、感じ方が変わったんでしょうか。それとも最近の年配の男が昔の男より劣化してるのか。

湯山　きっと私が変わったんですね。繊細な人も教養者も、今はみんなまとめて「いい人」程度にしか見えない。

二村　だから、今は若い男の美しさを求めるということなのかな。

湯山　きれいな子はきれいだからねえ。でも、中身が決定的にヤバいんですよ。若い男ならではの無鉄砲さ、暴力性、勇気、そして部室の仲間感覚すらもうなくて、幼稚園児みたい。男と女の間に大きな川があるとすると、以前は向こう側が見えなかった。向こう側を知りたいから、恋愛を通して男の世界に渡ろうとしたわけだけど、だんだん知識や経験で川が埋め立てられちゃった。それよりも、今や、女のほうが謎になっているかも。侮れない実例が周囲の同性に出てきていますよ。

二村　僕も年をくって、女性には僕と同じ部分がいっぱいあるんだと思うようになりました。もはや異性は、神秘的な存在ではない。個人の感想ですが、生物学的に異なっているのは、ほんのわずかな部分だけなんじゃないだろうかとすら思う。精神の問題もそう。ただし外見も精神も、セックスの受け止め方も、社会によって教育によって、男と女はずいぶん差異を持たされている。その差異の部分は、いいところも僕にとってイヤなところも、やっぱり女性のほうが面白い。そこに謎がまだ残っている。

湯山　女は欲望を、ひとつに絞れないんですよ。「あれも取りたい、これも取りたい」と思う。それに、異なった環境に生きることになっても、適応力がある。

そもそも、昔のイエ制度の「嫁に行く」なんぞは、夫の親を自分の両親と思え、ってことですから、もの凄い適応力を強いられてきたわけだし。ひとつところに自分を所属させて、固定して、安心しなくてもホントは大丈夫という感じは、絶対に男性よりも強い。そうなったら、もう国すらいらない。「いつも自分が中心」なんでしょうね。どこにいても自分を見失わずに、欲しいものをすべて取って、自分の中に落とし込むことができる。たぶん二村さんは、そういう女性のキメラのようなところが謎に見えるんじゃないかな。

二村　ああ、そうかもしれません。

湯山　でも、女も若いとたいていつまらないよ。先ほどから言っている、子ども化は女も顕著で、私の世代のように男社会の理不尽に激怒することもなく、のびのびとラクでトクな親の娘でいようとするので、話してもこれまた小学生並みなわけよ。そして、彼女たちが残念なのは、「男を立てれば、モテる」というセオリーのもと、バカな男のさらに下を行こうと、もっとバカを演じて、結果、バカで居続けるわけです。

二村　若いというか子どもっぽい女性は、確かにつまらないですね。

湯山　それでも50歳くらいになると、女は成熟する。男は50になっても成熟しなくて、たいていがつまらなくなってくるね。女の人は優しさも攻撃性も清濁併せ呑む大人物が出てくるでしょう。上野千鶴子さんも、あの包容力と鋭さの同座は凄い。今、ＳＮＳのおかげで同窓会が大流行だけど、同級生を見ても、いろんな話題に好奇心を持ってついてきて、面白いのは女性ですね。女って若いときはつるむんだけれど、30代くらいからそれぞれ個人の道に進むでしょう。当時はそこに同調圧力が働いて、自分と同じレベルに下げようと底意地の悪い態度を取ったりしたんだけど、50くらいになると変わってくるの。同窓会で驚いたのは、私の同世代の学習院大学の女の子なんて、卒業後はセレブ専業主婦ばかりで、そうすると、私に対して意地悪な視線を向けられるだろうなと予想してたんですよ。ところが、全然そうじゃなかった。「あたしたちのこと見くびっちゃだめよ、これでも、浮気してるんだから」って、冗談言えたり。で、帰り際に、その中のひとりが私の肩を叩いて、「湯山はこうなると思ってたよ、がんばってね」って。カッコいいでしょ？　専業主婦の自分を卑下していないし、私のことを対等な関係としてエールを送ってくれた。

二村　対等ですね。それも結局、男の目や性愛から自由になれているからかもしれませんね。女同士はマウンティングし合うもの、女と女は立場や職業が違うと分断されてしまうって言われてますけど、それは男社会によるものですからね。

湯山　男はこうはいかないのよ。たとえば、同窓会で「お前、遊んでてカネもらっていて気楽でいいなー」だとか、もしくは、「年収いくらなの？」と上目遣いで訊いてくる。そしてまた、自分がいかに優れているかをわざと女のほうから尋ねてくるのを待つ、その話法もダサい。

二村　嫌な男は、自慢ばっかりしますよ。バカな男は年をくったほうが自慢がひどくなる。女は年を取ると、若いころほど自虐しなくなって、付き合いやすくなる。

湯山　私の前でかっこつけて天下国家の話をしたりする男もいるんだけど、それが浅いの。意地悪く質問を返すと、違う話題に変えて誤魔化す。この間、とあるエリートサラリーマンと寿司屋に行ったら、よせばいいのに、いちいち「今、このネタ、旬だよね」という紋切り型を連発して恥ずかしいったらありゃしない（笑）。旬は当たり前で、一流寿司屋は、旬の前のハシリや旬を過ぎた最後のところをあえて出す勝負をしているのにさ。それで、「俺は職業柄、一流どころで食べつけているから」と言うんで、店を出てから、「もう、行きつけてないのがバレバレだから、寿司屋では一言もしゃべるな！」と説教しておきましたけど（笑）。そいつのことを思って。

二村　湯山さんと対等にコミュニケーションを取る専業主婦のお友達は、子離れできない母といった悪い例ではなくて、うまくいった例ですね。子離れをするのは相当大変だっただろうから、それを乗り越えて客観性が出たというか、相手が見えるようになったのかもしれない。

湯山　そうなんですよ。そこには競争原理がない。私に対して、「私なんかどうせ……」と卑下するパターンもまったくなかった。

二村　「私なんか……」といじけるか、「あんたのやってることはしょせん虚業ね」とマウンティングするか……。

湯山　それが30代ではまだまだあったんですよ。30代なんて、みんな大した差はないのに、「湯山の仕事って、不安定だよね」「旦那さん、放っておいて大丈夫なの？」などと水を差す人がいたんだけど、50代になったらそれはなくなってた。「あなたの人生も素晴らしいけど、私の人生も素晴らしい」という感じ。それっていいなと思うんですよ。

感情を出すことを恐れるな

二村　湯山さんに解説を寄せていただいた『なぜあなたは「愛してくれない人」を好きになるのか』（イースト・プレス／文庫ぎんが堂）の底本である『恋とセックスで幸せになる秘密』は、僕の「女性に対する罪悪感や加害者意識」が書く原動力でした。発表しなかった第一稿には、読者として想定される「恋愛に苦しんだり、自己肯定できないでいる女子」に対する揶揄《やゆ》や皮肉を書いていた。けっこう攻撃的だったんですよ。自分でも気づいてなかった〝女への憎しみ〟という小骨を外していくような作業をしました。それで女性にウケる本ができたんだけど、中村うさぎさんからは「この本には二村が出てこないじゃないか、あんたの感情が書かれてないよ」と言われました。それがずっと気になっていたら、文庫版に収録した信田さよ子さんとの対談で、そのへんを引っぱり出されてしまった。感情って大事ですよね。自分の感情を押さえ込んでいると、必ずどこかでひずみが生じる。

湯山　日本の男性は、感情的なものを徹底的に否定するよね。でも、それが人生を損ねることの始まりだと思うんですよ。感情に頭脳を乗っける、すなわち自分の感情に論理をつけたほうが説得力は増すのに、そのことに気づいていない。思想があって、感情と論理がある。その三つが揃ったタイプが強いよね。ただ、日本のサラリーマンのように指示を待ってその指示をこなさなければならない場合は、感情は邪魔になるのは確か。感情を可能な限り抜いて、会社に滅私奉公、もしくは空気を読み、ミスを回避してナンボの出世ゲームに勝った人がエリートとして出世していくようになっているシステムですからね。感情のままにチャレンジしていいのは社長だけで、それがとんでもないシロモノだったとしても、出世狙いのイエスマンたちは止めることもしない。ということで、日本の大手メーカーは競争力をなくしている状態。そうやって働いていてもツライだろうに。そもそも学校教育からしてそうだからね。受験戦争に勝つには、感情があったらダメ。感情を抜いて何も考えないで詰め込んで、東大に入って、選択肢を広げてから好きな道に行きなさいということなんだろうけど、すでに感情からエネルギーをもらう回路が退化してしまっているから、好きも何もあったもんじゃない。

二村　日本の男性の多くは、そもそも感情がひからびてしまっているので、まず自分の感情に気づくところから始めないと。

湯山　感情の幹を太くしないと、今の厳しい社会では、男が欲しい「勝ち」は得られません。

二村　女性はどうですか、現代の日本の女性の感情は。

湯山　女もエリートは同じですよ。昔の女エリートは女の普通になじまない反骨系だったけど、今は男と同じ優等生。それに加えて、感情をないものにするモードは逆にもっと強いんじゃないかな。なぜなら、女＝バカ＝感情的、という一般連想は、女ほど身にしみていますからね。変に男性化しちゃって、感情を排してしまっているから、かえって心がおかしくなっている。『四十路越え！』(角川文庫)でも書いたのですが、「アラフォー以上の仕事は、感情をうまく使うことで質を高めることができる」し、「感情が伴わないと仕事に迫力が出ない」のに、仕事で男性化したデキる女であろうとして感情に蓋をしてしまうと、その分、いびつな発散のさせ方をしてしまう。

二村　女性って、恋愛やセックスで混乱して、感情がめちゃくちゃになりがちですよね。泣きながら「泣いちゃって、ごめんなさい」と言ったり。泣くことを親から禁じられてきたんだろうな。それも感情なんだけど「泣いてしまうのは感情の領域のことだから仕方がない」と腹を決めていないから、混乱しちゃうんじゃないかな。男も罪悪感があるから「女はすぐ理性的じゃなくなる。これだから女は……」とか言って攻撃する。

湯山　仕事では理性的でターミネーターみたいにガチッとした仕事をするのに、酒を飲んだらけっこうエロエロになって、ワンナイトスタンドばかりしている女性を知ってるんですよ。どう考えても、ヤバい系の発散。どうぞご自由に、と言いたいんだけれど、それが仕事関係や社内の飲み会だと、確実に軽蔑の対象になって、仕事にも大いに影響するからね。

二村　仕事中でも怒ったなら怒ったなりに、素直に表明して尾を引かせなければサッパリするのはわかっているのに感情に蓋をしてしまう。それで後になって意地悪をしたりするのは女も男もいっしょ。人は感情的になったときに、相手から

「感情的になってる」と言われることを恐れますよね。「怒ってるんじゃなくて私が正しいから言ってるんだ」と言う。それで相手のことも、自分のことも追い詰めてしまう。正しいか正しくないかという軸とは別に、もっと自分の感情を認めてもいいだろうと思うんだけど。

湯山　今の日本は、その「正しいから言ってるんだ」と正当化したうえでの感情の発散が、ネットでも街中でも蔓延していますよね。それって、抑圧した先の感情が暴力化したものにすぎない。人間論になってしまうけれど、やはりキリスト教圏では人間は間違いを犯すもので、そこにはもちろん、感情も含まれてるから、頭にきたら怒ってもいいんですよ。感情があっての人間ですからね。一方、日本では感情を露《あらわ》にすると軋轢《あつれき》が生じて共同体で生きていけなくなるから、できるだけ我慢して外に出さないのが作法とされていることがひとつの原因。その上、我慢してそののちキレることを、「それだけ我慢したんだから」と容認する。その暴力のほうが本当は恐ろしいのにね。

二村　正直言うと、僕も人の怒りが怖いです。普段は人当たりがいいのに、たまに、ささいなきっかけで突然猛烈に怒り出す人、いますよね。ああいう人が怖い。

湯山　怖いよね。怒りを小出しにしてないから、溜まりに溜まって急に大爆発する。知り合いのフランス人も「日本人は怖い」と言ってたよ。「いつもニコニコしているけど、中に何が溜まってるかわからない」と。実際、フランス人はしょっちゅう怒ってる。フランス人だけじゃない。怒る人のほうがグローバルスタンダード。一方で、インターネットでは正義の論理を振りかざして弱者叩きをするでしょう。たとえばルールを守らない奴に対して、ワーッとバッシングしたり。怒っているのは自分個人の感情なのに、「私は感情的になっているわけではありません。社会的に正しいことを言っているだけですよ」という正当化でもって徹底的に叩く。高崎山のサルの赤ちゃんの名を公募して、イギリスのプリンセスの名前、シャーロットと付けたら、「失礼だ」とイギリス人でもないのに、代理戦争を買って出て、怒りの発散をやる人がいる。二村さんが怒りが怖い、というのはもっともで、そういう日本人の爆発激怒は、怒るほうがその怒りを受けたほうの復讐の怖さを知らないとしか思えないですよね。私は好戦的と見られるけど、実は本当に争いが苦手で、自分からは仕掛けたことがない。しかし、やられたときの復讐はけっこう、しつこいタイプ。一時の感情を爆発させる怒りの人は、それを受けた側が必ず持つ報復の感情に鈍感すぎるんだよね。

二村　僕は自分の中に〝感情そのものに対する恐れ〟があると思うんですよ。

湯山　やっぱり二村さん自身も感情を抑えているところがある？

二村　あります。それに気づいて、最近はなるべく自分の感情を感じようとしていますけど。

湯山　感情に取り乱す男はカッコ悪い、男たるものは感情を利用してもいいけど感情に支配はされたくないと思ってる？

二村　支配されたく……、ないですね。男にも、女にも。

湯山　それは大人ならば絶対そう思うだろうね。私も思ってる。そうは見えないかもしれないけど（笑）。今度、思い切り怒鳴ってみたら？「バカ野郎、ふざけるな！」と。

二村　出したほうがいいですよね。それもやっぱり母親との関係が影響しているのかな。母が僕に気を使いながら育てつつ、時々キレていた。そのせいなのかどうなのか僕は、ある種の女性からいつも怒られている気がしていた時期があった。

でも、それも僕が勝手に罪悪感を貼りつけてるだけだったのかもしれない。もともと亭主関白が一般的だった時代は、男は怒ることが許されていたでしょう。怒鳴ったりちゃぶ台をひっくり返したり、子どもを殴ることが、湯山さんの親の世代くらいまでは許されていた。その時代は、女も感情を吐き出して泣くことが許されていた。怒るのも泣くのも裏腹なもの。いい悪いではないですが、泣いて発散させるからメンヘラにならなくて済んでいた部分はあるでしょう。だけど現代の制度の中では、女性は泣いても怒っても男を追いつめてしまう。自分を省みて言うんだけど、多くの男は追いつめられることが苦手です。怖くて逃げちゃう。だから女性は怒りを抑え込むようになり、男も男で怒れない。怒り方を忘れてしまって抑圧されて、常に怯えていて「女性を怒らせたらどうしよう」と思っている男がいる。男女とも対等な関係が作れない。

湯山　女性に対する怯えは、子どものころお母さんに怒られたせいで抱くようになったの？

二村　怒られたからなのか、あるいはちゃんと怒られなかったからなのか、怒られることに対してアレルギーと恐怖がある。怒るのも怒られるのも苦手。自分の怒る感情を変に抑圧したり「いい人だと思われよう」とするのをやめることが大事かもしれない。湯山さんみたいに感情をうまく乗りこなして、言うべきときには言ったほうがいいよね。

湯山　私は今まで、キレたことがない、と言ったら驚く？　でも、それは本当なんですよ。いつも非常に意識的に怒っている。最近、「湯山さんは怖い」とどうも周囲の人から思われているらしいけどね。「なめられている」と「怖がられている」は似たようなものなんですよ。特に面倒くさい女には、そういう片付け方が男社会にはあるからね。でも、なめられるなら怖がられたほうがいいかもな。

二村　湯山さんが怒らないのは、取り乱すことがカッコ悪いと思っているからですか。

湯山　怒るけど、キレない。つまらないことで、頭に血が上る人がいるじゃない。ワーッとなる人。あれは、カッコ悪いよね。

二村　そういう人からなめられないために、湯山さんのように怖い人だと思われていたほうがいいのかもしれない。

湯山　若い編集者や学生の子に対して、テクニックとしてあえて怒ってわからせるという親代わりのことをすることもある。このあいだも、教育的にあえてぶちギレた。相手はがんばってタウンカルチャー誌を軌道に乗せているアラサーの男性編集者。キレた原因はすっごい些末なことなのね。ある大物アーティストにロングインタビューをして、忙しい中、時間をかけてけっこういい原稿を書いたわけ。地の文を書きながらのインタビュー記事はなかなか難しいんですよ。我ながら恥ずかしくないものができたと思って送ったら、返信メールがもの凄く事務的。「受け取った感想はないのか、感想は！」とキレた。別にメールなんてそのくらいでいいんだけど、あえてもの凄く怒ってみた（笑）。

私、若手のライターさんや編集者相手には意識的に怒ることにしている。私たちの世代は怒らずに誰も悪者になりたがらないから、あえて火中の栗を拾っている。もうそういう年齢になってきたということだよね。

二村　叱らなきゃいけない立場になったということですね。

湯山　私、子どもがいないから、文化的ヘリテージ（heritage＝伝承）、文化的子孫は残したいという思いがある。

二村　その気持ちは僕もあります。若いＡＶ監督に教える仕事もしているので、怒る技術は身につけなきゃいけない。撮影や編集で「ここは妥協しちゃダメだろ」「見てる人をなめるんじゃない」というところでは僕も怒る。叱らないと、ずっとわからないままだから。

湯山　怒るのはエネルギーを使うけど、相手によっては、非常にいいエルネギーの交換、いい格闘になる。ただ、ダメな人もいるから、相手を見極めなきゃいけない。たまにへんな子もいるからさ。

二村　いますね。怒られるとすぐ辞めちゃう子とかね。

湯山　辞めちゃったとしても、いつかそういう自分を克服してほしいのよ。

二村　あ、話がずれたように見えるかもしれないけど、感情の凹凸はセックスに大いに関係があります。

湯山　相当関係あるよ。

二村　「ああ、今この人、こういう感情を抱いてるんだな、ここでこう感じてるんだな」ということがわからないと、セックスできないもんね。そもそも恋愛がそうですよね。

湯山　そう、感情がわからないタイプは、セックスに至らない。だから男はもっと感情を取り戻すべき。女も、昔は感情は女の領分だったけど、働いて社会制度の中に組み込まれることで感情を抑圧してしまってるから、もっと感情を大切にしたほうがいいんですよ。

第三章

侮辱でもない、自虐でもない、大人の性愛のたしなみ

前戯はレストランから始まっている

湯山　欲情のスイッチを入れるには、いろいろな手段があるよね。お国柄や地域の文化によっても違う。今の日本のように、現実よりも不完全な二次元やテキストに官能スイッチが入る文化もあるし、欧米みたいにデートの現場でこそ、という文化もある。

二村　欧米だと、レストランでカップルが仲良くイチャイチャしてますね。

湯山　というか、ドレスアップしていくようなレストランにデートに誘われた、ということが、完全にその後の展開含み、なんですよ。女性は誘われたら昼間とは違い、肩や胸の谷間を強調する女らしい装いで行くのが不文律。アフターファイブは、男と女をあえて演じるのが常識ですからね。ガンガンに視線を絡ませて、お互いの高ぶりを見極めていくゲームといってもいい。アメリカのラブコメ映画なんかを見ると、不器用なワーカホリック女の典型的なパターンとして、デート時のムード作りである沈黙&視線絡ませモードがまったくできなくて、ペラペラとまくし立てて、男に幻滅されるシーンが頻出します。たいていその後、不器用女が成長して、セクシーな空気をまとえるいい女になる、という結末なんですけどね（笑）。

二村　日本はどうですか。

湯山　私の知り合いの年上女性は、ホワイトリネンがテーブルにかかっているような高級レストランでデート中、テーブルの下でハイヒールを脱いで、相手の股間にタッチするワザを持っていましたよ。本人に聞いたからマジな話だと思う（笑）。でも、こんなのはレアケース。そもそも、そういう場に男性のほうが怖じけづいちゃう。その逆で行きつけているようなタイプは、グルメブロガー系のオタクばっかり。

二村　デート文化がない日本は、みんな、どこでどうしているんですかね。

湯山　パブリックな場ではなく、ふたりきりで部屋に入ってからでしょうね。ヤルという合意が成立してからのベタベタ、イチャイチャは、日本人けっこう得意なのではないかな。日本人の前戯のねちっこさは、岩井志麻子さんが「世界でナンバーワン」と言ってましたし。

二村　それは世界に誇るべきことなのでは……。岩井さんが性的に秀でた男性とばかり付き合ってこられた可能性もありますが。

湯山　パブリックでは、あんまり性的な行動には出ないところが、さすがに人目を気にする日本人。しかし、その意味では、欧米文化では、日本人がセックスの最初にイタす前戯的なものが、すでにデートの場に侵食しているとも言える。面白いのが、黒人文化のそれ。『ビッチの触り方』でも紹介したのですが、黒人のセフレ専門のヤリマンたちの証言が興味深い。彼女は基地の黒人たちが通うクラブでナンパされるのを待つのですが、お持ち帰りされてベッドに転がされたら即挿入で、まったく前戯らしいことがない、と言うんです。その代わりに、体をくっつけ合って踊っているときから男性側はハアハアして、つまりそれが前戯なのだと。もう、こちとら目からウロコですよ。そうか、あのスタイリスティックスやピーチェス＆ハーブのネットリ甘いソウルバラードの名曲の数々は、前戯としての機能音楽だった、と（笑）。山田詠美の『ベッドタイムアイズ』でも、視線が合った瞬間からソレが始まってる、という感じがありましたし。

二村　黒人の男を好む日本人の女性って、チンコのデカさとかの単純な話じゃなくて、その文化とか、あの肌の感じとか、いろんなものの複合に病みつきになるんだろうな。

湯山　スペインのイビザでは青姦《あおかん》をよく見ましたよ。クラブで夜通し遊んだ後、そのまま、ビーチに出るとね、どこからか「アオアオ」というオットセイのような声が聞こえてくる。新種の鳥の鳴き声か？　と思ったら、高台のテラスみたいなところで女が騎乗位になってガンガン腰を振ってた（笑）。少し奥まったところとはいえ、通りかかる人みんなから見えるんですよ。でも、その様子がトップレスが日常的な地中海のリゾートの雰囲気だと、もの凄く健全に見えてしまう。

アメリカでは、一軒家でホームパーティというと、アルコールで無礼講になって二階の小部屋はハッテン場ですからね。アメリカの人気テレビシリーズ『グレイズ・アナトミー』なんかにも、インターン同士の無礼講パーティがあって、そのたびにカップルができ上がってしまって、人間関係がもう大変。ハーモニー・コリン監督の『スプリング・ブレイカーズ』は、大学卒業時の春休みに、思いっきりハメを外した女子大生のビッチ映画ですが、その描写におけるセックスは、ハレンチでおおっぴら。ということは、若い男女が集まって、祭り的にドンチャン騒ぎをすればセックスするのは当たり前という文化的合意があるわけです。その清々しさ、明るさ、肯定感は、日本のセックス観とはまったく違う。日本人は隠微と恥ですよね。

二村　恥ずかしがることで欲情する文化ですからね。

湯山　「恥」の概念は、日本においては欲情するトリガーのひとつです。「お前、パンツが染みてるぞ」「濡れちゃって恥ずかしい！」で勃起する。私自身、本当にいろんな外国人の友達に飲みの席で確認したのだけど、あまりピンと来ていなかった。よくあるたとえ話ですが、海外ポルノで女の人が、アオアオと絶叫し、激しく喜びを表現するのに、日本人の男のほとんどはドン引きする、という点からもよくわかります。あのアオアオは、「女性も喜んでいて、虐待じゃない」ことを示す許認可コード含みなんだそうですけれど。それはさておき、難しい点は、恥の概念があるからこそ、日本人のセックスは表立たないし、そういう、男↓女の力学状態が続いている原因にもなっているということ。「女性も性欲があって当たり前なんだ」という革命が女性の中で起こっているけど、それを認めちゃったら、もう、性イコール恥の欲情装置は働かない。ちょっと前までは、そこをおもんぱかって、女性は演技したものだけど、若い世代はそうじゃないでしょうね。男性がセックスレスになるのはよくわかる。そして、その一方で、「恥ずかしくないんだったら、暴力で泣かせる」的なワイルド描写が、強姦や輪姦モノのAVに増えていると思うのですよ。

二村　そうですね。第一章で話した『女体拷問研究所』シリーズは、悪の組織に潜入した気丈な女捜査官が捕えられてオーガズム研究の餌食になるというパターンのAVの元祖なんですが、キモチよくなって敵に屈服してしまう女の〝恥ずかしさ〟〝悔しさ〟がエロスの芯としてあるようです。もちろんファンタジーなんですが……。

湯山　SMにおいてもそう。欧米は、肉体と精神の蹂躙《じゅうりん》こそに焦点が当たる、支配・被支配の快楽ですが、日本のSMは、団鬼六に代表されるように、お姫様のように高貴な静子夫人が辱《はずかし》めを受けて乱れていくところに萌える。欧米人は「セックスでは乱れることが当たり前」が前提としてあるから、その感覚がわからない。雑誌「SWITCH」（1996年6月号／スイッチ・パブリッシング）の取材で、アートポルノというアムステルダムの、ポルノの野外劇なんぞをやってしまうアート集団にインタビューしたとき、日本のセックス文化、特に縄と蠟燭《ろうそく》のSMについて「恥」の観点から必死で説明してみたんだけど、結局わかってもらえなかった。「shame」という言葉の中にはセクシャルな意味はまったくない。名誉毀損などで恥をかかされて怒るということならわかる、というんです。

二村　『SHAME－シェイム－』という性をテーマにしたイギリス映画（スティーヴ・マックイーン監督、日本公開2012年）がありましたが、ニューヨークを舞台にセックス依存症のサラリーマンと、恋愛依存症でリストカットを繰り返すその妹の、空虚な恋と性を描いていて、ジャンクなセックスでダメになっていく感じは現在の日本と共通するなとは思ったんですが、「恥ずかしいから興奮する」というような情緒の描写はありませんでした。

最近は和風のＳＭがカルチャーとしてどんどん輸出され、ベテランから若手まで日本を代表するような緊縛師たちがヨーロッパ、アメリカ、カナダなど各地に招かれてパフォーマンスをするのがブームです。あちらのマニアたちに縄の美学が伝わりつつはありますが、やはり西欧のＳＭは神との関係が基本になっているからか「罪と体罰」が理念なので、恥の概念までがどのくらい受け入れられているのかはわからないですね。

エロ話で日本の男女の縛りを外す

湯山　働いて社会生活を営んでいる時間は、女も男も性的な意識で生きていないけれど、セックスはその社会制度を取り去って、つまり、女性と男性という性をむき出しにする行為です。つまり、この劇的な、日常からの跳躍、ジャンプをしなくてはいけない。これは女性のほうが深刻で、本当にある意味、仕事や日常とは人格を変えた「女装」気分ぐらいでないと無理。男性だって、仕事場でオトコでいなくても別にいい時代なので、セックス時だけ男性を見せつける、なんていうことができなくなってしまっている。その昔は、文化がそのあたりを用意してくれたりしていた。たとえば祭り。祭りの夜は無礼講で、一本外すという文化がヤンキーには伝統的にあるよね。私が通っていた大学には、古池があったんだけど、文化祭の夜、その周りは見事にハッテン場だったし。あるいは、イケイケの企業で「みんなでひとつのプロジェクトをやりまっせ」となると、打ち上げのときは狂騒状態になってみんなデキちゃう、とか（笑）。先進国のドラッグ蔓延もいろんな意味で、跳躍、祭り的な精神のきっかけ作り、ともいえる。薬の力で変えなきゃ、そうならないわけ。合法的には、アルコールだよね。私、アルコールは年とともに弱くなっちゃって……。アルコールじゃない欲情に効くものはなんだろう。

二村　昼間は非常に堅い職業に就いている好色な女性から聞いたんですが、彼女はお酒が飲めないので「SMをやってる場所に行って、まずは見物する」のがスイッチだと言っていました。SMバーとかSM教室をやってるハプニングバーに、男をハントしに行くのではなく信頼できる男性と行って、先に盛り上がってる人々を眺めているうちに自分たちの気分も上がってくるそうです。やっぱり、お祭りに巻き込まれる高揚感なんですかね。サッカーやオリンピックなんかでみんなでワーッと盛り上がって……に似た共同体のセックスはありますよね。「みんながやってるんだから」というところでモラルを外す。あとは、おっしゃったチームでの仕事のように、いっしょに吊り橋を渡り終えたところで盛り上がる。

湯山　燃えますよねえ。「その夜」は！

二村　だから不倫が流行るんですよね。

湯山　デキる亭主を持った奥さんは一大プロジェクト納めの打ち上げがあったら、会場の入り口まで夫を迎えに行ったほうがいい（笑）。チームの上司と部下は同志愛もあるし、お互いに尊敬もある。社会的な話も共有しているから、その不倫は戦友とセックスするようなもの。男女関係に軍隊のホモソーシャルと似た感情がカラむから、もうもう強力ですよ。

二村　女性は、男女関係における「女の私」と、働いているときの「人間としての私」の両方が、がっつり満たされるわけですからね。

湯山　男もそんなときだけ、今までの緊張から外れて素の自分になれるからね。直前まで億単位のプロジェクトをやってて「ハイ終わりました」。しかもいい数字で、なーんていうときのアガリ方はマックスなわけですよ。その夜、ホテルでは男と女になってしっぽり。「背中まで45分」でいくというわけですわ。

二村　それでいいんじゃないですか。

湯山　まあね。でも、それってなんだか恥ずかしくないか？

二村　類型的すぎて、陳腐ではありますね。やはり女性が〝内なる男性性〟を豊かにし、シラフでも「やりたいときに、やりたい相手に、女の側からも『やりたい』と言える」ようになり、やりたい男は女性の欲望に対したときに萎えない、むしろ興奮するようになっていくほうがいい。しかし多くの日本人がそうなれるかというと、難しいだろうな。飲酒によるリラックスがコミュニケーションのきっかけになるのはかまわないけど、アルコールやドラッグでベロベロになってするセックスは、感度が鈍るというか、そもそも楽しくないのでは……。普通の真面目な素人女性が、僕が触媒になって制度を外していくところを見るのは楽しいですね。

湯山　おやおや、それは聞き捨てならないぞ。

二村　たとえば、レズにはまったく興味がないと最初は言っていた素人の女性ふたりが、僕があおったことで、女同士で濃厚なディープキスを始めちゃったことがありました。最初は僕に見せつけてる感じだったんですが、そのうち明らかにスイッチが入って、夢中になってきて、だんだんタガが外れていく様子がよくわかりました。もちろん以前からお互い憎からず思ってはいたのでしょうが、僕がそこにいなかったら、ふたりは友達同士という制度の中にいたわけで……。その体験で対女性コンプレックス、自分の体へのミソジニー的なものも薄らいだと、ふたりとも言っていました。

湯山　うーん、それはAV監督という二村さんの職業が影響してのことじゃないのかな。

二村　それは、まあ、そうですね。

湯山　普通の女性の制度を外す男性のテクニックが訊きたい。依存型のメンヘラ女はもう嫌になったとおっしゃってましたよね。これからは制度の中にちゃんといて、制度と女の部分と両方ある女性がいいと。そういう女性とセックスしようと思ったら、制度を外してあげないとならないじゃないですか。制度の堅い女、具体的に言うと私なんだけど、ま、私じゃなくても私のようなタイプの女がいたとして、どうします？

二村　………（考え込む）。

湯山　ふふふ。これは難しいですぜ（笑）。ヒントを差し上げると、私の場合、日本語が制度となっている自覚がある。海外で英語使いになった瞬間に英語人格になって制度を外したという実感があるから、英語で口説いてくれるとか。でも、この関係だと無理ですしね。二村さんは、そういう女の制度をどう外そうと思う？

二村　たぶんできてると思うんだけど、具体的に何をしているかというとよくわからないな。

湯山　これまでの成功例を言ってみてよ。

二村　女性が僕と話していて、自分から勝手に制度を外していっているところを何度か見ていますね。何をきっかけに外していってるのかな……。

湯山　もしかして、そこでエロ話をしてる？

二村　ああ、してますね。僕、相手のツボを探っていくような猥談を女性相手にするのが、凄く好きです。

湯山　そうだと思った。本章の冒頭でも軽く触れたけど、モテ男たちがデートでヤル方向に持っていく手口は、下ネタだとみな言う。黒人のみなさんにとってブラックミュージックが前戯となってるように、こちとら、エロ話があるというわけよ。そこから前戯が始まってるわけです。どんなことを話すの？

二村　僕は仕事でAV女優さん数百人に面接してきたわけですけど、とにかく相手の話を聞くんですよ。その前に、もちろんこちらから質問もする。「あなたのエロのポイントは、どこですか？」ということを。女性って、口説かれたりセクハラされることはあっても、自分の心の中をほじられることってあまりないんじゃないですか。

湯山　確かにないね。そこで彼女が驚いて、「実は私のエロポイントはMで……」なんて話をしているうちに、欲情するかもしれないね。

二村　繰り返しになりますが、僕は女性の妄想とシンクロできたときに興奮するんです。だから「あなたの持ってるエロい妄想に、僕も勃ちます」と言うと、相手はホッとしてくれるのかな。

湯山　なるほど、「キミの性感帯はどこなの？　ソコかあ〜」と茶化してるだけじゃただのスケベジジイになるけど、「あっ、俺もそこだ」とチンコが勃つ感じを相手に伝えるところがポイントだね。これさ、同じことを女が男にした場合をちょっと想像してみましょうかね。「いったいキミのエロポイントはどこなんですかね」と私が訊くとして……。うーん、そこで「俺、スクール水着を着た幼女が好きで」なんて……。いやいや、言うわけないよ、男が。しかも、言われた瞬間に、その妄想に興奮する!?　こりゃダメだわ。ちょっと、二村さん、ここのところの答えをくださいよ。

二村　女性から男に「男の妄想」を訊いてはダメだと思いますよ。そこは男女の非対称性というやつで、つまり男の妄想というのは「どういう女を、どうしたいか」、マゾっ気のある男だったとしても「どういう女に、どうされたいか」と考えていることが多い。女性は見られる性、対象にされてしまう性だという旧弊が、ここにどうしても働く。仮にロリ体形の女性が訊いて、男から「ロリのスク水」なんて答えが返ってきたとしても、その答えにわざわざ応えてあげるのは、イメクラみたいで女性としては腹が立ちませんか。その女性がその男性と「やりたい」と思っているのだとしても。

湯山　その通り。

二村　そういうふうに男を甘やかしても、いいセックスはできないと思います。女が〝対象〟になって男の欲望に応えるのは、ふたりが仲良くなってから交互にやればいいけど、女から男を口説く一番最初の時点でやってしまうべきじゃない。そこから始めると〝支配・従属の関係〟が固定されてしまう。

女から男へは、肉体的で具体的な「性感帯」を訊くべきなんじゃないかと思うんです。女性が〝心の中の妄想〟に興味を持たれる経験があまりないように男も〝体〟に興味を持たれることが、あまりないわけです。女性から男性には妄想ではなく「首筋は感じるか、背中は感じるか、乳首は感じるか」をジラすようにさりげなく訊いて、男の心の中の〝受け〟の部分をくすぐるべき。もちろんセクハラにならないような雰囲気を作ってから。「この女性は、俺の体に興味を持ってくれてるんだ」ってドキドキできるような男が、女性と対等になれる男なんです。

湯山　男がその自分の体の秘めごとを言うときの様子、に尽きますねぇ。その表情の変化は、確かに自分的にも欲情スイッチだろうけど、果たしてそういう素直な「表現」を男たちが出してきますかねぇ。どうかなあ。

オヤジの性文化にも学ぶところがあった

湯山　制度が強固になりすぎちゃって外すのが難しい。そういう女性は本当に多いと思う。外すと淫乱、キモい女というレッテルが張られてしまいますからね。でも、実際は、ガス抜きのような、エロス感情の発散は本当に男も女も重要になってくる。飲んで無礼講で、という伝統はちょっと時代遅れになって、かつ、「してはいけない」という管理がキツくなっている今、どういうエレガントな方法があるのか。

これに関しては、ちょっと参考になる出来事があったんですよ。このあいだ、海外セレブやアーティストを顧客に持つ業界では知る人ぞ知る会員制バーに、ある有名ミュージシャンと遊びに行ったんですよ。そこのオーナーママって、私と同世代なんだけど、業界の夜の女王みたいな人で、心ある芸能人たちに慕われている。童女っぽい感じがするときもあれば非常に鋭いところもあり、人間関係の天才というか、魅力のある女性なんだよね。彼女、私が連れていったミュージシャンのファンだといって、大喜びで彼の手をずっと握ってるの。自分の膝の上にポンと乗っけたり。その様子が見ていて、ちっとも嫌じゃないんですよ。ああ、触りたくて触っているんだよな、と。酔っぱらってハメを外してネチャネチャするイタい女っているじゃない。そういうのは見苦しいんだけど、彼女のやり方を見るとかっこいいんだよ。だから、私もガンガン触ろうと思ってさ。今後は。

二村　イタい女とは、どのへんが違うんですか。

湯山　全然、違う。ちなみに昔の銀座の文壇バーを根城にしていて、モテモテだった吉行淳之介は、女の子を触るのに「モモ膝三年、シリ八年」なんて戯れ言《ざごと》を言っていた。これ、なかなか深い言葉で、女の子に嫌がられることなく、お触りするにはこれぐらいの時間がかかる、ということなんですよ。これって、すごくエレガントな、男の下心文化。祭りまでいかない、酒場レベルのアナザーワールドで、前戯のひとかけらを忍び込ませる、という。男のこういった文化って、やたらとオヤジ系として唾棄されるけど、この件は大いに参考になると思った。「セックスしたい」という欲望を小出しにする。老いたことを引き受けつつのエロスの発散。私なんぞはもう、50過ぎていますからね。美魔女とか、まだ、男に手折られるのを待ち構えて努力するより、断然こっちですよ。

二村　エレガントな引き際か……。

湯山　そう。熟女のエレガンスで堂々とお触りする。

二村　知性をもってそれをやれたら、エレガントだろうと思います。ただ、いろんな女性が同じようにやるのは、諸手を挙げて賛成はできないな。それ、すなわち日本を悪い国にしてきたオジサンたちが70～80年間やってきたことと同じことを女もやるべき、ということになりませんか。女のほうが権力を持っているとしたら、それは男と女が対等になってるわけじゃなくて、今までと逆転してるだけじゃないですか。オジサンたちへの復讐なのだとしたら、あまり意味がない。

湯山　どうしてこれが復讐になるの？

二村　女性の側に、もしも「今までの制度への復讐、意趣返し」という意識があったら、という意味です。

湯山　二村さんやフェミの人たちは、「男並み」を嫌うけど、このケースはそういう肩ヒジ張ることではなくて、男のオヤジの性文化の中には、学ぶものがあったということよ。二村さんのその考え方って、男性が思い描く「男並みを実現した女」はみっともないことになるはずだ、という偏見があるんじゃないのかな。現実は、老いた自分の身体に欲情しない男をセックスに持っていくのは難しい。触ることで性欲が解消されるなら、それでいいという感じ。セックスしなくても、ベタベタすることで案外満足できる気がするんだよね。特に、更年期以降に低下した性欲のレベルだと、それで充分かもしれない。

二村　男が傷ついたらどうします？

湯山　これは不適切な発言ですね。それならば、今までの二村さんの話も成立しなくなる。女性に萌えどころを訊くなんて、それで女性が傷ついたらどうするんですか?

二村　はい。だからそれは、どこからがセクハラになるのかという重要な問題で、僕が言ってるようなことも結局そこに下品さや暴力性があったら台無しなんですよね……。湯山さんがお嫌いな〝酔ってハメをはずす女性〟は、いや、女性だけじゃなくて男性も、酔っぱらったり集団的な興奮状態の力を借りないとエロスに耽られない人は、要するに気が弱いというか、自信がない。橋本治の言う「ちゃんと陶酔する能力」がない人。自分の欲望をエレガントに制御する教養がないから、ふるまいが大袈裟で無軌道になる。それを湯山さんが「かっこ悪い、恥ずかしい」と思うのはわかる。その湯山さんのご友人の女性はまったく違って、ミュージシャンの男性の手を握っているときに自然体だったんだろうな。男性のほうも堂々と手を握られていたんでしょう。でも、自分にコナをかけてくる女性に対して「勃起できなかったら、申し訳ない……」と思っちゃう男もいますよ。真面目な男は、そこで罪悪感を持つ。

湯山　罪悪感はないでしょう。男が勃起できなかったら、普通は勃起させられなかった女が悪い、と男は責任転嫁して自分を守りますからね。

二村　そうですね。それはまさに男性社会であって、そんな価値観を女性が内面化することはない。逆に相手が女性で湯山さんが男性だったとすると、手を出されなかったら、女性は男性を憎むこともある。

湯山　おっ、また別の問題だね。

二村　だけど、男が自分を口説いたところで満足して、結局ヤラせなかったりして、また面倒くさいんだよね。

湯山　吉行淳之介の『夕暮まで』みたいに、最後の一線は許さないっていうね。でも、これ男でも案外よくある話で、女からコクられた段階で承認欲が満たされて、ハイ終わりとする、という。ともあれ、女は自分に興味を持ってくれて、自分の体に欲情してくれる人が好きなんですよ。そこで難しい点が、女の場合は年齢だよね。いくら熟女ブームだからってさ、この老いの恐怖からは逃れられないと思うよ、女性は。もう欲情されない、この体を見てチンチンが勃たなくなるということに傷つきたくない。

二村　そうですね……。その不安は、どうしようもないことなんですかね。

湯山　現実的にはなかなか難しいだろうね。女としては、どうなっても傷つかない強靭な精神をもって「一発だけやらせてくれ」と頼むしかない。そこは男女非対称で、ジジイはボテ腹になっても昔は権力とカネで女をゲットできた。今もまだ通用しないでもない。「いや、それらが手に入る男の実力と中身」だというファンタジーと民意が残されていますからね。でも、その逆、権力とカネを持っている女になびく男、というのは、なかなか難しい。最近では、社会学者の古市憲寿《のりとし》さんが、高スペックの女にしか興味がない、なんていうことを言ってますけど、権力とカネ目当ての男、というカテゴリーに平然といられる男は少ないと思う。いたとしたら、ホストのように「割り切る」ということで自分を守るだろうね。こういった場合、女のほうも男のほうも、よっぽどの信頼関係がない限り、欲得の冷たさを自覚しそう。権力もカネもない老いた女、実はこれ多数派なのですが、セックスのプレイヤーにはなかなかならないでしょうね。熟女がAVに応募する理由に、そのあたりがあると聞いたことがあります。

二村　湯山さんは、同年代の男性には欲情しないんですか。

湯山　同世代も何も、本当にその回路が薄れてきてますからね。更年期前までは旺盛だったホルモンの力が今は弱くなったせいで、セックスに対してひどく冷静になっている。

二村　自分の肉欲に振り回されなくなって、むしろこれから楽しみ、じゃないんですか。

湯山　というか、本当に恋愛はホルモンの作用でしかなかったのでは!?　とまで言える。ここは冷静に答えを出したいんですが、私の場合、これから性愛を深く探求できるひとりのパートナーよりも、恋人未満、友達以上を10人作ったほうが、人生としては快楽が大きい気がするんだよね。前者は実際、これまで語ってきたように今の日本では費用対効果がなさすぎる。それに対して後者のほうが、そういう現実を作ることができるという意味で強いんですよ。極論なんだけど、エクスタシーって、性愛が最上というふうに言われるけれど、けっこう代替物があるんだよね。私は、文化系、特に音楽でそこのところでかなり突っ込んでいるしさ。友達以上恋人未満の男が何人いるかで女性の幸福感は違うと思うよ。

二村　女性性が回復していく感じですか。

湯山　女性はチヤホヤされることが大好きで、私ももちろんそのひとり。そのための男性の存在と交流が人生において重要という自覚がある。普通の50代女性はもっと手前、デートする男の友達もいないのに「恋愛したい」と言ってるわけで。その点では私はかなり満足度が高い。でね、正直言って、今の自分が人間的に惚れられるんじゃなくて、性愛として惚れられるというのは、私にとってはお笑いファンタジーという自覚があるんだよね。それほどの名器もセックスの才能もない。体のラインも崩壊。オヤジ連中と違うのは、そこを女のアイデンティティだと思ってないところ。承認欲求は別のところで充分に満たされているので、そういうこともまったく求めない。夢がない話だと思わないでくださいよ。その辺の理性が狂ってしまっているのが美魔女ですからね。確かに体形もキープしているし、若作り。しかし、年齢は隠せなくて、男からは先ほどから何度も言っている、「軽蔑」を受けていることを「ないことに」しつつ、欲情されようとするイタさがあると思う。だから、ほとんどの女が美魔女を嫌う。

二村　序章でも話に出た『マッドマックス　怒りのデス・ロード』なんですが、ヒーローであるマックス（トム・ハーディ）と、隻腕の女傑フュリオサ（シャーリーズ・セロン）との間に、いわゆるロマンス、性的な愛情関係が生じないところが、今までのハリウッドの定石を裏切っていて素晴らしいと思ったんです。

湯山　あのマッチョ上等の映画シリーズ第四弾が、こうくるとは!?　でしたね。ネットでは、フェミニストたちが大絶賛してましたね。ひとり、伏見憲明さんは、「男に助けられて、勝利を勝ち取る女の話じゃないか」と厳しい指摘をしていましたけど。確かに、ヒーロー、ヒロインが結ばれない。アン・ハサウェイとロバート・デ・ニーロの『マイ・インターン』もそうだった。これ、昨今の映画の特徴。ハリウッドから、インディペンデントまで。何かの暗示だよね。

二村　そう、そこでWEBで連載していた映画コラムに「マックスはインポである。インポで喧嘩が強くて心優しいとは、なんと素晴らしい男だろう。僕はマックスのようなインポになって死にたい」と、皮肉の意図はなくマジでインポ礼賛みたいに書いたら、「マックスはインポなんかじゃない!」と炎上しました（このコラムは『あなたの恋がでてくる映画』に収録）。

炎上の理由はもう一つあって、醜い悪のボスのイモータン・ジョーとフュリオサとジョーの奴隷のような妻たちの関係が、上司と不倫するキャリアウーマンと専業主婦のように僕には見えたんで、「彼女たちの憎しみは、かつて侮辱される恋をしていたから」という意味のことを書いたんですが、これもフェミニストたちから「フュリオサは虐待の被害者であって、その感情を恋になぞらえるのは最低だ」と叱られたんです。性虐待のサバイバーたちに対しては申し訳ないことを言ったと反省もしたんですが、その一方で、やっぱり多くの人が「恋」を美化して考えているんだな、という気にもなりました。僕は恋というのが、〝自我がべったり張り付いたもの〟であるなら、けっして当人を幸せにしないと思うんですよ。

僕は「マックスはインポだから、セックスしたかったけどできなかった」と言いたいんじゃなくて、その逆で、インポという言葉を「侮辱したい、支配したい」などの〝よくない男らしさ〟の欲望から解放されている男という、いい意味で使ったんです。

それと照らして考えると、湯山さんの今の状態は女性版インポなのではないか。それはホルモンでしかない恋から解脱できている。ハッピーな男女関係は、男女関係ではなく人間関係であり、恋ではなく、むしろマックスとフュリオサのような〝愛〟に辿りついていると言えるんじゃないですか。

湯山　そう言っていただけるとは(笑)。いや、人間も50をすぎると、一般的な恋愛のスタイル、つがいで純粋で、独占欲と嫉妬、愛し合っているからこその最高セックスに「本当か?」というリアルが頭をもたげてくるんですよ。しかし、この境地は、ホルモン過多時代の経験があればこそ。最初から、インポを目指すのはダメ。それを「ないこと」にすると絶対にヘンな爆発のしかたをして、人生が損なわれるからね。

男は射精以外のオーガズムを知ったほうがいい

二村　あらためてもう一回「男性性、女性性」について考えたいんですけど。湯山さんが僕のAVで風間ゆみさんの行為や表情に見てくださったものは、ひとつの母性だと思ったんです。娘を抑圧したり息子を甘やかして癒着する母性の闇サイドとは違う、相手の存在を条件なしで肯定していく母性。

湯山　揺るぎのない大きさね。まったく迷いのない、快楽のプレイヤーという。

二村　そういう母性なら、男も母性を持ったほうがいい。本当の快楽には男性性も女性もないんじゃないか、あるいは一組のカップルのそれぞれが濃厚な雄性《オス》と雌性《メス》の両方を有していてそれが自在に入れ替わるというのが一番エロいのではないか。セックスに可能性が残ってるとしたら、それだろうと考えています。

彼のチンチンが役に立たなくなったなら、もしくは彼がそれを「女を支配するため」にしか使わないなら、手や口で愛撫してメロメロにした後に、指を使ってお尻を掘るべきだということです。女性の「支配されたい」欲望は、また攻守交替して叶えてもらえばいい。って提案を僕がしても、ほとんどの女性は「私には、そんな技術はない」か「私みたいな女がそれをしても、私が愛したい男は喜ばない」か、あるいは「私はひたすら抱かれたいのであって、抱きたいのではない」の、どれかの言い訳をされてしまって話が終わってしまうことが多いんだけど……。もったいないと思うんだよなあ、男女とも自分の性感の可能性を広げていけないのは。女を支配しなければならないと思ってる男ほど実は「女のように感じたい」という欲望を秘めていると、僕は思うんですよ。

湯山　なるほどねー。

二村　ついでに言いますと、腹筋と、骨盤底筋つまり肛門を締める筋肉を鍛えることで、男性も女性も、よりよいオーガズムを得られるようになる。丹田を常に意識することで、オーガズムの際に子宮ないし前立腺が反応するようになるんです。普通のセックスで、精神的エロスによるものではなく肉体的でシンプルな痙攣オーガズムを得やすい女性は、スポーツ歴のある女性、ヨガや筋トレで体を鍛えている女性が多く、やはり自分の身体感覚を知っている人です。

湯山　一流のバレエダンサーである男性の友人がいるんだけど、彼らのラブライフは聞いていてとってもうらやましいんですよ。

二村　男性も女性のようなオーガズムを得たければ、もっと自分の体を知るしかない。BLコミックでは前立腺を責められて淫乱女のようにイキっぱなしになってる美青年が登場しますが、あの境地を目指して僕がプロデュースして大人のオモチャを発売したんです。エネマグラの細くて小さいバージョン。本家エネマグラはアメリカ製の前立腺マッサージ器具で、雲形定規みたいな形の器具をお尻の穴に入れっぱなしにして男性がアナルオナニーに使うものです。ペニスではなく前立腺でオナニーするのは、自分でオーガズムをつかまえるための慣れが必要で、自分の精神世界へのトリップであり、瞑想とも近いと言われています。

男は自我を無にしないと、射精以上のオーガズムは得られない（笑）。南の海の砂浜で寝っころがって波音を聞いて自分の乳首をいじってると、しばらくして自分の体の中で、入れておいたエネマグラが動き出すんですよ。するとビッグ・ウェーブが訪れるといいます。

湯山　西海岸カルチャー、アンド禅ですな。スティーブ・ジョブズもやっていたかも。

二村　アナルオナニーのオーガズムによって、インターネット社会の未来を幻視したのかもしれませんね……。いや、西海岸っぽい話をしたのはエネマグラが電池で作動するのではなく、自身の肛門括約筋の痙攣を前立腺に伝えることで、男も女のような快楽を得られる器具だという話を聞いて「エコだなー」と勝手に妄想したのです（笑）。

射精をしない男のオーガズムをドライ・オーガズムと呼びますが、普通の男はとにかくファルス主義で射精以外には快感がないと、あるいは乳首が気持ちよくてもそれはペニスの補助的なものだと思っている。けれど、お尻の穴から入れた器具や熟練の指で、チンチンの根元側から刺激すると、異様な快感が味わえるんですよ。ゲイの人たちやマゾ男性がエネマグラをお尻の性感を高めるために使っていますが、欠点は、日本人向けサイズじゃないのでデカくて入れるのが怖いこと。

湯山　確かに、直腸が持つかどうか……。

二村　SMでの拡張に使うオモチャほどには巨大ではないんですが、やはり一般に男性は自分の体の中に何かを入れることに慣れていない。瞑想してビッグ・ウェーブをつかまえなければならないのも大変。そこで電動式で、サイズも小さい日本人向けを作って「プロステート（前立腺）・ギア」という名称で売り出したんです。男性のお尻を掘り続けて三十余年、イカせた男は数千人というお姉様に形状や使い方の監修をお願いして、おかげさまで売れています。これでノンケの男性たちにオチンチンだけではない快感を知ってもらいたい。ファルス主義の男たちに「チンチンを使わなくても気持ちいいんだよ」と言ってもなかなか通じませんが、実際に前立腺を刺激すると勃ちもよくなり、ケミカルなバイアグラより体にいいという利点もあります。
　逆に言うと通常の射精なんて、本当に物理的な、あるいは女性への支配欲だけの、実にちっぽけなものなんです。前立腺を自分で意識できるようになってからの射精は、何十倍も、それこそ気絶するほどキモチいいですよ。

湯山　それ、本当にすべてのジェンダー問題に効く大革命モノかも。

二村　ソープのベテランのお姉様は、おじいちゃんが来店して勃ちが芳しくないと、髪の毛の中に潜ませておいた綿棒をスッと出して、ローションまみれになっているところをツルッと入れるとも聞きます。おじいちゃんは入れられたことに気づかないまま、前立腺を刺激されてビンビンに勃つ。これがEDのおじいちゃんに満足を与えるソープ嬢の母性だそうです。

湯山　いや、母性は早急。職業的親切心、探究心と言い替えてください。

二村　そうですね、訂正します。親切心です。それで男を気持ちよくさせて帰す。どうですか湯山さんも。生意気なイケメンのアナルにもツルッと入るサイズですよ。

湯山　でもさ、日本の普通の男はお尻が嫌いだよね。

二村　そうなんですよ。ゲイフォビアが強いし、その奥にあるのは「女になってしまうこと」への恐怖でしょうね。その国民性を変えていきたいんだけど……。四つん這いになって後ろから愛撫される快感を知れば変わると思うんだけど。男としてのプライドが許さないのかな。

湯山　許さないだろうね。

二村　男のちんけなプライドをどうやって崩すか……。男のプライドが壊れないと、女性も幸せになれないから。

湯山　というのは？

二村　母―息子癒着も、母―娘スポイルも、元凶は男尊女卑でしょう。父親が支配的だと、娘を産んだお母さんは自分の旦那への憎しみを、娘を支配することで発散させる。こじらせ女子たちが母親の関係性において苦しんでいるとしたら、そのもとにあるものは、母の夫への憎しみ。だから、まず男がぶっ壊れないといけないと思うんです。いばってる男性たちは、みんなケツを掘られるべき。

湯山　御意！

二村　もちろん湯山さんが言うように、女性も自分の力で「人間」になって、自立を目指さないといけない。闘って勉強をして仕事をして、やりたいことがあるなら自分でやって。それを女性に啓蒙するのが湯山さんのアプローチなら、僕は自分を含めた「男」をぶっ壊したい。

湯山　誤解を招きそうだから、補足しますと、日本の女性は自分の人生を自分が決めるという自立の真っ当な努力から逃げて、依存する対象探しばかりを考えがちですからね。申し訳ないけれど、この国には、自立して自由で快楽的な女を良しとしてはいけない、という世間の空気がまだまだ色濃いからなのですが。

二村　湯山さんは、仏教はものごとを曖昧にするので手ぬるいと見るかもしれないけど、僕は仏教的な考えが好きなんです。キリスト教では両性具有は悪魔と言われているけど、仏教思想ではそのあたりを曖昧にする性文化があるでしょう。ニューハーフや女装子がタイの性風俗で普通なのは、仏教国ならでは。日本も、僕の撮っている女装美少年ＡＶが売れたり、二次元のエロを見ていても両性具有が受け入れられやすい国なんじゃないかと思う。だから日本男子には、チンチンに頼らないドライ・オーガズムが自分の身体の中に秘められていることを発見してほしい。

悲しいかな、セックスで男はいつも冷めているんです。射精したら背中を向けてすぐに寝てしまうことは、伊丹十三さんも『女たちよ！　男たちよ！　子供たちよ！』で自省しておられた。伊丹さんは同著の中で「男のオーガズムの貧しさ」についても語られていますが、男が前立腺によって女のようなオーガズムを得られる可能性までは辿りついていなかった。射精したら終わり、じゃないんです。ドライ・オーガズムには終わりがなく、女のように悶え狂うこともできる。それは暴力性や支配ではなく、安心感や多幸感を脳内に生み出します。男もセックスの後に「背中を向けてタバコを吸う」生き物ではなくなり、男女間の深くて暗い河に、平和が訪れる。

湯山　つまり結論としては、女性はみな「プロステート・ギア」を使う技術を習得したほうがいいってこと？

二村　そうです。

湯山　そうですか……。

二村　湯山さんが出会う美形の青年の中には、受け身の願望、女性になりたい願望を隠しもった子は、いっぱいいるはず。何しろ美形なんだからナルシストであることが多いでしょう。

「受け」と「マグロ」は似て非なるものなんです。マグロというのは、ただ受け身なだけでヤラれていてもウンともスンとも声を出さず、攻めていても楽しめないでしょう。ヤリチン男たちはマグロ女性の悪口を言いますが、男のマグロはイバッている感じもあって最悪です。よい「受け」の男は、女を興奮させるような反応をする。そういう男子は相手の快楽がわかりますから、リバーシブルで、攻守交替ならぬ攻受交替して、自分をかわいがってくれた女性をかわいがり返すことも上手なはず。それが僕が考える、支配・被支配から抜け出せるセックス、すなわちセックスに残された希望です。女性が年齢を重ねることで、男の「支配したい」一方的な欲望の対象から外れてしまったとしても、そのテクニックさえあれば大丈夫なのでは?

湯山　「アンアン」で特集すべきだね。いや、「婦人公論」か。というか、そういったテクを習得したら、その自信は態度や風情にきっと出ると思うから、モテに繋がるかも（笑）。

二村　前立腺を刺激してると勃起力も高まる、のみならずペニスは実感としてひと回り大きくなりますよ。

湯山　こうなったら、風間ゆみ先生に秘訣を教えていただこうかな。

二村　そこに最初は、男を「やっつけてやりたい」という気持ちがあったっていい、愛があってもいい、起きる現象は同じ。ただ、気をつけないといけないのは、前立腺の刺激は、男も女のようにイケるわけですが、さらに奥につっこむと禁断の領域があるらしく……。

湯山　何よ、ちゃんと話してよ。

二村　男の肛門の中の性感帯は、前立腺だけじゃないんです。その奥に精子の貯蔵庫である精嚢《せいのう》があり、もっと奥にはS字結腸、技があれば骨盤まで揺らすこともできる。一番手前の前立腺を責めるとオチンチンは元気になる、つまり男性性が回復するんです。ところが精嚢に快感を与え続けると、男はどんどん女性化していく。女王様に何年もアナルを奥まで掘られ続けたあるマゾヒストの男性は、オチンチンがすごく小さくなっており、さらにアナルが女性器の形状に近くなっていました。

湯山　ひえええっ。なんだか、オカルトみたくなってきていないか（笑）。というか、進化論を短期間で見ているような感じじゃん。適者生存、ってさ。

二村　そうなったらもう、普通の女性とはセックスできないし、したくならない。女性ホルモンを打ってるわけじゃないから、オチンチンとアナル以外は普通の男性なんですよ。まさに男性を女性化させる。それは多くの男が最も恐れる禁断の秘技なわけです。女がSで男がMという関係は、はたして男への憎しみなのか、愛なのか。

湯山　まさに、セックスの底知れぬ奥深さ。

二村　こんな面白いことは、なかなかない。

湯山　でも、そうなると、二村さんのAV監督という職業は、普通の人の何倍もそこのところを深めていけますからね。なんだか、昔ヒッピーたちが言っていた、性革命を信じそうになってくる。

二村　かつての世代で叫ばれた性解放は、楽観的すぎる性善説だったんでしょうけどね。でもセックスの出発点には、攻撃性だったり支配欲だったり、憎しみがあったりすることもある。そもそも「相手を欲し、支配したがる恋という感情は憎しみと同根であり、愛とはまったく違う感情である」というのが僕の考えです。愛というのは、相手の存在をそのまま100パーセント肯定して受容することです。

ところが、憎しみのつもりで相手をいたぶっているうちに、だんだん愛おしくなってくることもある。先ほど言ったように元気にしてあげたつもりが女性化していくこともある。だからキリスト教はソドミー（非生殖器と生殖器による性交）を許していないのかもしれない。「産めよ増やせよ」という理念に明らかに反しているから。

湯山　まさしく、そうでしょう。しかし、結局人類はみんな女ならよかった、という結論は、近未来に実現しそうな感じがある。

二村　仏教では、そのへんの清濁を併せ呑みます。キリスト教以前のギリシャ・ローマ時代も、同性愛は非常に盛んだったようです。もしかしたら「男女でセックスをする」「性器でセックスをする」などという野蛮なことは、古代においては生殖のためにしか行われなかったのかもしれない。現代社会の〝結婚を前提とした恋愛〟が滅んでいくとしたら、女性が今以上に積極的になって男性が受け身の快感を得ることに、セックスの可能性は残されているんじゃないか。

湯山　確かに頭で考えればそうなる。そうなったほうがみんな幸せということも考えられる。しかし、セックスが難しいのはそこに文化や生き様、アイデンティティ、そして、結婚という制度を連れてきた損得が絡むので、まさに政治のようなありさま。理想主義に走った左翼では、手に余る現実、というかね。

二村　そうですね。僕の言ってることは一部の変態諸氏諸嬢には共感してもらえるんですが、頭でっかちのきらいはあるかもしれない。多数派にとっては、まだ空論の域を出ていないのだろうな……。

湯山　とはいえ、好奇心からして、「プロステート・ギア」が出てきましたよ。

二村　一般の女性向けの講習会も、いずれやりたいと思っています。ちなみにプロステート・ギアを監修してくださった先生のお店は「アナルフレンズ」で検索してください。80歳のおじいちゃんが「勃起も射精もできる」と喜んで通っているそうです。

湯山　ちょっと、生来の好奇心が湧いてきましたよ。

二村　扉を開けてみるしかないのでは？

湯山　でも、でも、ですよ。先ほど二村さんにご指摘いただいたように、わたくし今、インポの悦楽状態を堪能中ですからね。そこまでして、セックスを我が身に引き寄せることに正直あんまり興味がないかも。オナニーで100パーセントエクスタシーに持っていけるんでそれで充分。日本は、頭で欲情することに固執した文化のせいで、体がイクことに大きく失敗したと思う。私もその文化の渦中にいる人間です。ホルモンの突き上げがなければ、頭と体がブリッジできない。もし、それでもというパワーは、もはや、「人間と生まれたならば、セックス快楽をとことん追求すべきだ」という思想ありきでしょうね。というか、二村さんは、性に人間性回復の期待を大きく持ちすぎてるかもね。

二村　うーん……。

湯山　2015年の日本の秋を賑わした永青文庫で開催された『春画展』を今、思い出した。そこには、男性器女性器がまんま細密描写で描かれて、組んずほぐれつが展開しているんだけど、描かれた男女は、花見しながら下では挿入、子どもをあやしているのに下では挿入、と、もの凄くセックスが軽くて、日常的なんですよ。そこには、支配・被支配のパワーゲームも、恥の快感回路も、恋愛の熱なんかもまったくない。その程度のもの、という感覚は逆に、性を重く見過ぎている現代人が足をすくわれる感じがあったんだよね。

日本人のセックスは遊び的

二村　「性欲がなくなるとラク」と言う女性がいますよね。

湯山　割とみんな言いますよ。

二村　一方で、岸惠子さんは『わりなき恋』で70代の性愛を描きました。国籍は日本でも、フランスに軸のある人だから。

湯山　そこは重要で、申し訳ないが、相方の男が日本人だからダメだという話はリアルにはあるね。男女がひとつになって初めて人間として完成される、ということが血肉化されている。キリスト教圏ならば、パートナー欲求は切実かもしれないけれど、日本人じゃ無理だよって。難しい。

二村　要するに日本人には、「男女関係」がなじんでいないということですね。

湯山　先ほどの春画の話ではないけれど、あの同性同士のじゃれ合いみたいな行為には、性器の他に男女差があんまり見つからない、という。体形的にも日本人の男女は、海外のムンムンと性が臭ってきそうな男女に比べて、中性的だし。日本におけるセックスは野合、祭りの中で踊ってたらヤッちゃった、みたいなもので、心やお人柄、ありきではない。もの凄くプレイフル、遊びなんですね。

二村　四十八手といった学究的なテクニックもあるし、変態性もある。

湯山　男も女も不完全だという意識が日本人は持ち得ないんです。キリスト教文化では、男が男同士で群れる快楽はそこそこに、ちゃんと女性を相方に求めるカップル文化が強固。自分にないものを持っている女を求めなければならない。アメリカの有名お笑い番組『サタデー・ナイト・ライブ』で、「Boy Dance Party」という面白いコントがあるんだけど、パートナーの女性たちが「踊りに行かない？」と誘っても、フットボール見るから、と断った男たちが、女が出ていった後に、男だけの激踊りダンスパーティを楽しむ、というもの。ホントは男同士のほうが楽しいのに、やっぱりつがいじゃなければ、男としてダメ、というモラルの強靭さがよく表れています。

二村　それが笑いの対象になるってことは、ホモソーシャルは子どもっぽいと見なされているわけか。西洋では、異性と一対になって初めて一人前なわけですね。

湯山　男としての甲斐性問題が深いところにありますね。女も女で従属や依存ではなく、自分に足りないものを持つ男を希求して、自ら求めなければならない。お互いにないものを相方を通して学んでいかなければならない。そのために快感を得られなくても、相手と面倒くさいことをしてつがいになっていこうという意思を持つ。それが生きている人間の証《あか》しくらいに思っているんじゃないですか。

二村　異性じゃなきゃダメという〝ゲイ差別〟の根源も、そのあたりにあるんですかね。

湯山　男と女がつがいになって勉強して、異なる性を理解することが人生をまっとうするということである、という根源的なものの中に性が置かれているからでしょうね。

二村　女性もセックスしていない人ほど、2014年に話題になった『昼顔』みたいな不倫ドラマを話題にする。でもあれは「異性を求めなくなったら、おしまい」という感覚じゃなくて、自分が「老けたくない」ということなんだろうな。湯山さんはある程度、達観なさって……という言い方をしていいかわかりませんが、超えられた感じがあるけれど、普通の人はそこにいけずに悩んでますよね。

湯山　『昼顔』の視聴者はアラフォーでしょうね。自分の経験で言うと、更年期前で、一番性欲が高いとき。そもそも40代は「ババア」という負い目を本格的にしょい出すころ。ふと気づくと「この私が半年、セックスしてない」ということが、セックスレスが当たり前の今、充分ありうる。その瞬間、焦りまくるんですよ。体がどんどん精彩を欠いていくじゃないですか。いわゆる劣化していく。ワンナイトスタンドをやらかすための商品価値がなくなっていって、チャンスもどんどん少なくなるということに気づいて、「今ヤッとかなきゃ」と焦りまくる。経験数は夫と大学のときに付き合っていた男のふたりだけという真面目な優等生ほど、焦るでしょうね。まだまだ、女性の中では、〝あれ〟が女の現役の証し、という神話があるから、その前に駆け込んでおかなきゃ、と。

二村　その前というのは閉経？

湯山　閉経です。不倫ドラマは、アラフォー主婦の貞女が40代になってセックスレス一直線になる一方で、性欲が燃えたぎり、いろんなことをしてみたいと思って見るドラマだと思う。

なぜ男は現役をアピールするのか

湯山　逆に訊きたいのは、男性ですよ。オヤジ雑誌しかりで、「まだまだ俺は現役」というアピールばっかりだよね。昔から。

二村　それは「他の男と比べて」ということじゃないですか。男社会の中において男であり続けたい。愛し合いたいのではなく、単純にオチンチンが勃っていると ころを、他の男に見せびらかしたい、自慢したい。

湯山　自慢する場面ってあるのかな。そんなの嘘つけばいいだけでしょ。いや、違うな。奴らは数字に非常に執着しますよね。記録して残すよね。セックス記録マニア。証拠として歴然ですから。

二村　もうひとつは、さみしさがあると思いますよ。

湯山　どういうこと?

二村　妻か、若い愛人に〝愛されて〟いないと生きていく甲斐がないと男は思ってしまう。やっぱりマザコンなんでしょう。若い愛人だったら〝愛されたい〟と〝支配したい〟の両方となる。だから身体接触が「ネコのほうがいい」というふうには、男はなかなか切り替えられないんです。女性は、若いころは「男に愛されること」を一生懸命考えていて、少女漫画も含め「女は恋愛のことしか考えてない」と男から言われてしまうけど、実際には女性のほうが、どこかであきらめたり忘れたりして、ネコにでも宝塚にでも切り替えられる。湯山さんはそれは年齢的なものだとおっしゃるけど。

湯山　あっ、ネコと宝塚は違いますよ。宝塚はファンタジーだけど、ネコは実存。老人的なセックス、夫婦間のセックスに最終的に立ち上がってくる、肌のぬくもり、ネコはそこのところの、ほ乳類的安定感、生存的代替えっすよ（笑）。

二村　なるほど。確かに「体温があって毛が生えてる、きまぐれな生き物」と接するのが大事なのかもしれない。いや、蛇を愛でている女性も知ってるな。生命がそこにある、というのが大事なのかな。

湯山　ペットブームの真相はソコよ。

二村　男は「能動的だ」とされてるじゃないですか。自分が何かできるということをいつまでも証明していたいし、何かできることで愛されて評価されたい。評価されたいというのは女性も同じだろうけど、女性は若い女性、中年女性、おばあちゃんと、それぞれキャラクターがある。その年代ごとに、さなぎや蝶になるように変態して全然違う生き物になれる。中身は連続しているけれど、男性社会から見られたときに、若い女とおばあちゃんは違うものだと見なされる。それを「女性の経年劣化」と呼ぶ男ほど、自分の劣化は認めたがらない。男だって青年と老人は違うのに、男は常に自分が見る側、社会を形作る側だと思っているから、自分が変態して次のフォームになったことをなかなか認められない。

湯山　女性は年齢ごとに違う生き物になれる、とおっしゃるけど、それって、ちょっと昔に流行った、少女とおばあちゃん礼賛論みたいでいささか気持ちが悪いなあ。若い女性を頂点として、年齢区別、いや差別が激しいからこそ、そこに適応してみせただけの、男社会に対しての生存戦略であって、今はそんなに開き直ってはいない。女も今や、変態して次のフォームになることを現実的に回避しますよ。「美魔女」みたいな人に突っ込まれるやり方ではなくてね。

二村　男はそういう「美魔女」を笑うけれど、自分の場合は勘違いできるしインチキ自己肯定できるんです。老人になっても自分は男性性が豊かで、ちゃんと女性をかわいがれて、チンコは多少弱くなってもテクニックがあると信じてるんですよ。でも実際には、かわいがる女性はどこにもいない。一部、ファザコンの女性がいるにはいるけど、彼女たちが寄っていくのは金を持ってて尊敬できるオッサンで、全部の老人男性にはもちろん回ってこない。そこでひがみ根性が出て「世の中にモテてる爺さんはいるのに、なぜ俺は若い女の子と仲良くできないんだろう」と思う。そのひがみ度合いが女性よりも男性のほうが強いんじゃないでしょうか。豊かなセックスというものがどこかにあって、それができない自分はすごく損をしていると思っている。町でよく見る〝キレる老男性〟は「俺のことをもっと大切にしろ！」と叫んでいるんですよ。

湯山　二村さん自身は、老後をどう考えてます？

二村　この10年くらい忙しすぎて、見たかったのに見れてない映画やアダルトビデオやアニメ、読めてない小説やマンガが、いっぱいあるんですよ。そういうコンテンツを消費して、勃たなくていいから一からオナニーし直すかな。子どものころに放送していた『ウルトラマン』などの特撮や昔のカルト映画、ホラー映画もリビドーの宝庫。昔は気がつかなかった「ああ、これ、じつはエロかったな」というようなことがたくさんあるはず。それだけでも死ぬまで退屈はしないでしょう。若いころに感動したものに、時間をおいて触れ直すと、まったく違う感動をするというのは、この年でもすでに経験してます。それは、すごく楽しみです。

作家の田中小実昌《こみまさ》さんの老い方が理想なんです。一日に2本くらい映画を観て、糖尿病で脚がふらふらしてチンコも勃たなくなってるのに、気の合う女性とふたりで路線バスに乗ってほっつき歩いて、晩年までずっとふらふらしていた。渡辺淳一さんみたいな〝死ぬまでヤリたがり〟だったマッチョな爺さんの晩年って、お金があってダンディでも、あまり憧れません。小実昌さんのモテ方は、『マッドマックス』のインポ説じゃないけど、インポ的にモテていた感じがする。だから僕も、セックスにこだわらず女性とのデートは、していたい。

湯山　ほら、やっぱりそうなっていくでしょ？

二村　そうですね……。自分と同世代や少し下くらいの、既婚だったりお子さんがいたりする女性とお話しするのが、楽しいんですよ。

湯山　それは中身が面白いからということ？

二村　もちろんそうです。そして、そういう人はこっちに依存してこない。

湯山　ふーん、面倒くさい女が好物だったこれまでの二村さんからは考えられない、コペルニクス的転回。でも、本来的にモテるいい男ほど、依存女を嫌うというのは、周囲のあまたのモテ男の証言から明白です。坂本龍一さんも、「僕は尽くしてくれるような女には興味がなくて、面倒くさくても、面白くないと付き合えない」と、おっしゃってた。自分にないものを持っている女性がいいと。実際に成熟したいい男たちは、キャピキャピした女は嫌いだよね。それをもてはやすバカな男もいっぱいいるけど、まともな男性たちにはそんな女の戦略は通用しない。「男はバカだ」と若い女もよく言うけど、男はそんなにバカじゃないということをわかっておいたほうがいい。女は賢いというのも嘘だから。

50歳をすぎて突如、愛妻家になる男の心理

湯山　周りのモテてヤリチンだった男性は、50歳を超えてみんな愛妻家になってます。その理由を私が想像するに、それまでは、自分の魅力と裁量で、年齢差も差し置いて、恋愛していたけれど、もう、そうは言ってられないし、ゲーム性にも飽きてしまった。老後を考えたとき、男もバカじゃないから、妻に愛してもらわなきゃ困るという保険&保身的な考えが生まれるんだと思うんですよ。加齢臭や「何？　このオヤジ」という言葉をちょこちょこ聞くようになったとき、横に妻がいてくれて、今後、甘えられる重要な存在だと気づく。定年で会社も辞めたときの名刺のない自分にとって、最も近くにいる第一フォロワーのキープに躍起になり始める。その目論見のような気がするんだよね、愛妻家というのは。

でも非常に痛いことを言うと、そうなったときの妻は、今度は夫を見る視線の中に「軽蔑」が入るんですよ。当たり前だよね。「外で相手にされなくなっ

て、すごすごと帰ってきた夫」を、やっと自分のところに戻ってきた、と歓迎してくれると思い込む男たちのなんという浅はかさ（笑）。確かに甘えさせてはくれるでしょうね。でも、そこかしこに、だんだん、鋭い針が混じるようになる。その針の痛さと頻度は、専業主婦で外にエネルギーを発散せず、夫への不満を心の中に蓄積してきたタイプのほうがもちろん激しい。

二村　切実なものを感じます。ほとんどの男は、好き好んでマッチョ世界に荷担しているわけじゃなく、世間に流されてそういう生き方になっちゃったということがあるんじゃないか。そこからあらためて自己改造しようとしたときに男女が相容れないのは、女性はいつも自分を守ってくれる男、許容してくれて頼れる男というものを、もう求めなくなっているから。女性のほうの絶望が強い。将来を見たときに、旦那に尽くすことで自分の求めているものが返ってくるとは思わない。逆に「この先、あんたのおむつを替えたくない」「世話役は私かよ」と思う。

湯山　本当に、男らしさの美徳がまだ自分にはある、と思い込んでいるところが、もの悲しくもありますよ。男は男で不満があるのはわかるけどね。だって、「お前のほうがオレに依存することで、ラクでトクをこれまで、さんざん得てきたじゃないか」と。しかし、老年期の男性は、軽蔑と侮辱があるはずの「母性」に頼っていくしかないんですよ。女性のように、人間関係にコストも時間もかけてきていないから、友達もいないし。

二村　女性は亭主を相手にしないでも生きていけるんですよね。

湯山　ネコや犬と友達がいれば、本当にダンナはいらないかも、と。旦那は給料を運んでくればいい。家があればいい。そこで安定してくれているだけで充分という話は、申し訳ないけど多くの女性の本音です。50代になって自分にサービスしてもらったところで、これ以上、何を欲しいのかぐらいな感じじゃないですかね。互いの思惑が一致するとはあまり思えない。

二村　それは、若いころ男が勝手なことをやってきたツケが回ってきたということですか。

湯山　多くはそうでしょうね。女に尽くしてくれる男って、世の中にはほとんどいない。優しく見える人でも、よくよく観察してみると〝そういうスタイル〟をやっちゃうオレに対しての自己満足、自己完結型。私の夫は、よくできた夫として世の中に言われているけど、それは、単に私のことを放任すれば、自分も自由にできてオッケーだからなだけで、そんなことだけで優しい、などと言われてしまう。お互いにどんだけサービスしないんだよ、という感じですよ（笑）。多くの男は、妻よりも母親が好きで、母親亡き後は妻に母親を求める。つまり、俺のことを受け入れてくれ、俺を困らせることはするな、俺に滅私奉公せよでしょう？　そこですよね。

二村　僕は今、自分が妻に甘えて侮辱してきたことに気づかされて、ちゃんと妻と向き合いたいと思っているんです。普通にふるまっているだけで、つい相手を侮辱してしまう性質を直したい。

湯山　でも、向き合いたい、と二村さんが思ったところの動機は、まず見透かされていると考えたほうがいい。侮辱については、何度も話したけれど、日本の男は、侮辱で勃たせてるところがある。

二村　「差別や暴力がないところに欲情はない」って話ですよね。僕はそれを「そんなことはない」って証明していきたいんだけど。

第四章

エロティックでロマンティックな人生のために

いつまでも褒めてほしがる男たち

湯山　年を取るにつれ、気をつけなければならないと思うのが、自分が傲慢になってはいないか、ということですね。特に私は人や社会風潮の分析で筆を多く執っているので、批判的な眼差しが常日頃ある。かつて仕事上で「先輩」と仰ぎ見ていた男性たちも、大したことないなと思った瞬間に、その傲慢が顔を出す。「実るほど頭を垂れる稲穂かな」じゃないけど、そこを制御する心根を走らせておかないと、と思います。「けっ、人間なんてこんなもんさ」と思った瞬間に、それは自分にふりかかってくる。

二村　僕も、自分がいっぱしに年を取って偉くなったと思っていて、同年輩や少し下くらいの人にムカつくことがある。それは「自分と違うこと」がムカついているんです。もうちょっと謙虚に、人からは教わることがいっぱいあるんだという思いが持てればいいんですけど。

湯山　そうね。「自分と違うことにムカつく」は、裏を返せば自分発信の同調圧力。物書きはそのモチベーションで文章を書いているわけでもあるので、痛し痒しでしょう。吉行淳之介も言っている「世の中に受け容れられない自分の感受性や感覚に場所を与えたいという気持が始まりである」（『私の文学放浪』）と。しかしね、そうは言っても、傲慢にはもっと強者がいて、知り合いの50代の公認会計士の男性が、久々にお酒を飲んだら面白いアプローチをしてきた。小型船舶の操縦免許を取ったりサーフィンやったりとアクティブで、「俺は、男を磨いていきたい」とうそぶくようなマッチョ系なんだけど、「湯山が俺をどう思うか知りたい」としつこく訊いてくる。ならばキツいことを言ってやろうか、と思うところを全部伝えたら、「はははー、そうかもねー」で流された。オヤジの傲慢は、スルー力で成り立っていた（笑）。

二村　年を取ると、人に厳しくなるのと同時に、自分にとってどうでもいいと思える意見や会ってもしょうがない人を切り捨てられるようになって、気に病まなくなる。それはストレスがなくなっていい。そこから学ぶチャンスもなくなると言えばなくなるんだけど、人生は短いし、時間がないので、直感で「こいつと付き合ってもしょうがない」と見切ってしまう。

湯山　しかし、それもまた傲慢かもしれないというさ。

二村　湯山さんは男にマウンティングされないですか。

湯山　マウンティングというより「僕のことを褒めて、褒めて」アプローチが多いかも。

二村　あっ、それ、よくわかります。自分もそうだから。ほんとバカだと思うんですけど、褒めてほしいんですよ。

湯山　まぁ、そうなんだろうけどさ。

二村　なんでか考えたんですけど、あくまでも僕の場合ですけどAVを撮ったり本を書いたり、いろんな仕事に節操なく手を出してるわけで、全体像を把握してくれている人が、なかなかいないんです。一つひとつの仕事は納品すると担当者が「お疲れさまでした」って言ってくれるけど……。先日、妻にそのことを正直に言ったら「なんだそうだったの、それなら私が褒めてあげるよ、偉いね」と言ってくれて、うれしかった。

湯山　そう言ってくれる人がいるのは、結婚のメリットのひとつだよね。人からの承認、この「いい子いい子」は、本当に人間というものを明るく、そして元気にさせる特効薬ですよ。こういうとき、女性は男性の本音を察して、褒めてあげるけれど、逆は難しいな。たとえば、今、多くの女性が大変な渦中に放り込まれている仕事の現場。女性はフリーランスも多いから、二村さんと同じような悩みを持っている人も多い。しかし、そんな場合、たいてい男は「そんなにツラいならやめなさい」って言うね。「仕事で無理することは女にはよろしくない」という思いやりなんだろうけど、まあ、エールを送ることをしてくれないよね。

二村　ああ、確かにアホな男は、自分がツラさに共感してほしがってることを棚に上げて、女性に対しては「ツラかったら、やめちゃえば」と平気で言いますね。

仕事でも恋愛関係でも。それで傷ついている女性も多いでしょうね。

湯山　しかしながら、私自身はね、実のところ「褒めてほしい。全面的に自分のことを理解してくれている人から」という意味がちょっとわからないんですよ。自分のことが好きでいてくれている人が、自分のことを褒めてくれるよりも、自分のことが嫌いな人、どうでもいい人が褒めてくれたほうが断然、うれしいんではないか？　まさにそのことが社会性というヤツで、仕事の魅力は、その快感があるからでしょ。

二村　こっちが信頼している人物から褒められても、うれしくないですか。

湯山　うーん。私はどうも褒められたい度が低いのかも。ひねくれているのかなぁ。精神分析専門医に訊いてみたいんだけど、褒められることをやる気やエネルギーに転化する回路があんまりない。私の場合、エネルギー自体が枯渇して、元気がなくなってしまう原因は、自分の自由な動きを止められたりの、自発性を遮るような状況や人だということがはっきりしている。だから、いかにそっちに搦めとられないか、というほうが、「褒められグスリ」の投入よりも、効果がある。だから、全人格的によしよしと褒められるよりも、パワーを減退させた状況を分析して納得するか、自分の心が躍動する別の対象に行動を移すほうがリカバーになる。そもそも、褒められたい内容は自分もわかっているから、それを他人に言われても、という気もするんですよ。ただし、意外な視点からの褒めがあったときは、当然うれしいけどね。

二村　わかってることで褒められてもそれほどうれしくないってことですか。凄いな……。湯山さんに比べたら、俺なんか「褒められたさ」だけで生きてるな。褒めてもらいたい願望は、男のほうが強いんだろうか。

湯山　私のその「褒めに関してのクールさ」の原因は、はっきり言ってウチの父親だわ。アーティストというのは元来とても不安な存在なんですよ。だから父は、本当にいつも自分の自画自賛を述べ立てていて、それを父の母である祖母と母とで「偉い偉い」と聞き役になっているのが、我が家の夕食の光景だった。子ども心にその「褒められ儀式」を醒めた目で見ていたわけだから、そりゃ、「褒めてくれ」という姿に抵抗があるのは当たり前かも。我が家だけでなく、それに似た状況の家庭があるとすれば、一定数、私みたいなタイプもいそうですよ。ちなみに、これもあるとき気がついたんだけど、実力派タイプの男性の間で、私が紅一点でいるような会議なんかがあると、その男同士がけんか腰にヒートアップする、ということが過去に何度かあった。どう考えてもそれ、私が影響していて、もしかして、私に一目置かれたい、すなわち、褒められたいアピール？　と思い至ったことがあった。

二村　そうでしょうね。湯山さんから褒められると自信がつくと思う。

湯山　彼らが見るところの「自分の考えをしっかり持った女」から褒められるのは、その場において、他の男に差をつけるカッコいいことになるからね。

二村　おべんちゃらを言わない湯山さんだからこそ、なんでもいいから褒めてほしい、と。

湯山　男が褒めてもらいたいのは、やっぱりマザコンだからだよね。「ママ、見て、褒めて」と。

二村　確かに、僕は母親からよく褒められてましたね。母親らしいことは何もしなかった母だけど、よく褒めてくれた。同じように女性から言われたいという気持ちがあるんでしょうね。でも、もともと僕のファンみたいな人に褒められても、あんまりうれしくない。

湯山　ナチュラルに言われたいんでしょう。

二村　そう。

男と男の面倒くさい関係

湯山　男にとって、父親がいないことはどう作用します？　娘の場合、たとえば私も上野千鶴子さんも実力と才能を兼ね備えつつ手厳しい父の存在がいたタイプだったんだけど、二村さんはご両親が離婚されて、成功した医者のお母さんに育てられて、そういう対象がいなかったわけじゃないですか。それでも社会は、父性的、体育会系的な男社会を中心に成立している。それに対してどう感じますか。

二村　男性的な社会のしくみを外から見てるのは面白いんだけど、自分自身がそこに入って、父親的な権力を振りかざされたり、男同士の付き合いみたいなことをするのは非常に苦手です。

湯山　私の父親も、ホモソーシャルのセンスがない。男との付き合い方がわからなかった人。

二村　若いころ、わりと男性の偉い人から面白がられて気に入られたりしてたんだけど、向こうが父権的なパワーを見せてくると、どう対処していいかわからなくなりますね。

湯山　普通、男ふたりで飲みに行って、「お前は俺のことをわかるヤツだと思ってたんだ、お互いにな」といった態度をされることがあると思うんだけど、それが困るということですか。

二村　そうですね。僕が男性社会での生き方をわかってないということを相手もわかっているからこそ、「あなたのことは、わかりますよ」と示せば、喜んでくれるんだろうとは思うけど。

湯山　尊敬できるリーダーがいたとしても、しっぽを振りたくないんでしょう。

二村　体育会系のやり方だと僕がシラけるのを読みとった相手は「二村は変態だから、いいんだよ」みたいなことを言うんだけど、それもまた、そう言ってこっちを喜ばせようとしてるんだろうと思えてしまうし。

湯山　相手もセンシティブな人だったら、「こいつは俺の手下にはできないな」とわかるだろうね。

二村　40代半ばくらいで同窓会に行って、男の友達からマウンティングされたときは心底「つまんねーな」と思った。

湯山　二村さんは幼稚舎から慶應だからあるだろうね。一流企業に就職して、勝ち組になった同級生が「お前、何やってんの?」みたいな。

二村　それこそ湯山さんの同級生のように肩を叩いて「がんばれよ」と、要するに「あなたの人生、僕の人生」と対等に付き合えている奴がいる一方で、僕に対して嫉妬してきたり、嫌な感じで接してきたりする奴もいます。僕も向こうを侮るようなふるまいをしたのかもしれないという反省もあるんだけど。なんだろうね、あれは。子どものころに僕がオタク仲間でリーダーシップを発揮して彼を支配していた、そのころの復讐をされているのかもしれない。

湯山　あとは、うらやましいというか。今、一流企業の社員だったとしても、社内では窓際だったりもする可能性は大だからさ。そういう負け感の中では、二村さんのように独立して、しかも若々しく楽しそうな人に対しては、複雑な思いがあるんじゃないかな。慶應的な学閥の中でマウンティングして、二村さんを下に位置づけることで自分を高めたいんだろうね。

二村　そうかもしれない。

湯山　マウンティングといえば、人から聞いた面白い話があるんだけど、ママ友たちがホームパーティを開いて、それぞれ旦那を連れてくることになったんだって。ママ同士は知ってるけどパパは初めてということで、まずは自己紹介が始まり、名刺を交換した時点で、すでにヒエラルキーが作られるらしい。官公庁、一流メーカー等々、名刺の力が強いパパは発言の量が多い。名刺のイバリが効かないフリーターは何もしゃべれなくて、その場から外れて子どもと遊ぶんだって。それを決定するものは何かといったら、ママたちだって言うのよ。高収入の男には、ママたちから質問がいくけど、定収入のない男にはあまり話しかけない。男の競争はそんな女たちの目配りからも逃れられないものになっているよね。それは合コンのころから脈々と、「〇〇大学？　ふーん」みたいな。

二村　その一方で、ハイキャリア女性でバリバリ働きながら結婚もして子どもも産んで、という人もいます。旦那も金持ちで家事はアウトソースというケースがまだまだ多いと思うんだけど、中には旦那さんが家事と子育てを担当するご家庭もありますよね。奥さんが稼いで旦那さんが専業主夫というパターンで、うまくいくかどうかは旦那さんの人柄次第でしょう。それでプライドが傷つかない自由な精神の男性であればうまくいく。でももし女性を支配したがる男だったら、そこで喧嘩になるか、妻の稼いだお金を使って何か余計なことを始めようとするか。どちらにせよよい結果を生まない。

湯山　海外の例なんだけど、ヨーロッパ在住の私と同世代のコーディネーターで、前夫のオランダ人との間に大学生の娘がいる女性は、パートナーが20代後半の日本人男性。娘の彼氏？　という感じなんだけど、凄くいい関係が見て取れた。その若い旦那は世界放浪をしつつ貿易商を始めて、商売をするうちに5カ国語完全にしゃべれるようになっちゃったんですよ。本人、カッコよくて、明るくて、コスモポリタン。気負いもコンプレックスもなくて、今は、彼女の仕事を手伝ってる。そういう世代も出てきてるんだよね。

二村　価値観が、少しずつ変わってきましたね。

湯山　そう、彼の場合は、海外体験という要素が大きいと思う。外国じゃなければ、ゲイなんですよ。この間びっくりしたのは、新宿二丁目のレズビアンバーのパーティで紹介された女性が、63〜64歳くらいの会社社長。ショートカットに大きいイヤリング、カシミヤの上品な服を着て素敵なおばさまなんだけど、横に息子みたいな年頃のきれいな顔の男子がいたので、息子さんですかと訊いたら、「私たち付き合って6年くらいになるんです」と言うの。マルグリット・デュラスと38歳年下の愛人ヤン・アンドレアみたいなカップルが本当にいたわけよ。話を聞くと、若い男性のほうは元ゲイ。だけど、「女性の彼女と会って恋に落ちて、今いっしょにいるんです」って。いい話だよね。彼らは恋愛に生きるタイプで、ある種、ロマンティック・ラブの信者ではあるのだけれど、凄くいい話。

二村　当事者じゃない人間は理解しているような顔をして、つい「ゲイはゲイをまっとうするのがいいこと」のような大きなお世話な感覚を持ちがち。その男性はたまたま最初に好きになったのが男性で、でも、年配の女性と知り合ったらその人が好きになって、そのとき自分が好きな人をちゃんと愛しているというのは、自分の属性に縛られていなくて、凄く自由ですよね。

湯山　その60代の女性も、凄くエレガントで、いわゆる美魔女なんかではない、いい年の取り方をしているんですね。彼らを見ていると、男性の変化の波も少しずつきているのかもと思うね。

二村　男が鎧《よろい》を脱ぎ始めているのかな？

湯山　日本人の男社会の常識、システムから外れている男性が出てきているということ。全共闘の時代もそんなことが言われていたけれど、性愛や男女関係は旧来のままだったことを考えると、今の男たちの変化は面白い。例に挙げたふたりは、ちょっと私たちの世代では出てきようがなかったタイプ。その根拠に、外国とゲイという要素があるのが当然と言えば当然だよね。

二村　男社会からは生まれにくいカップルかもしれない。

受動的に攻撃するという戦略

湯山　そういえば、最近、女性たちがやたらと「私、Mなんです」と言いたがるよね。

二村　自己愛が強くて、かまってほしいだけ。あれは非常にくだらないし、そう言っちゃう本人にとっても、いいことないです。だいたいマゾヒズムということが何かわかっていないから、自称Sのつまらない男を引き寄せてしまい、自分を損なう。

湯山　SMの原理で言うと、Mのほうが欲求が強くてSを意のままに動かすんですよ。Mのほうが S性がある。

二村　よく「満足のMと、サービスのS」なんて言うけど、「マスター（ご主人様）のMと、スレイブ（奴隷）のS」とも言いますからね。

湯山　それって日本人の対人関係テクニックだよね。声高に自分を主張するのではなく、そういうふうに仕向けるシステムがあるでしょう。たとえば、会社の根回しもそうなんだけど、命令するのではなくあたかも下からの、みんなの意見であるとするシステム。

二村　「私の欲望」ではなく、民意を吸い上げたという形ね。Mは、民意のMなのかな（笑）。

湯山　わははは。民意のM。考えてみれば、それってイエのために、舅や姑に仕え、夫に仕え、子どもに仕えて、自分の意思を持つこともはばかられた環境で、長い間生きてきた女の智恵ですよね。自分の欲求を相手が察するよう仕向けて、自分のやりたいことを通していく。今どきの嫁姑問題って知ってますか？『渡る世間は鬼ばかり』に出てくるような言葉と態度がキツい姑なんかは、案外いないんですよ。それよりも、「何がしたい」という意思をまったく出さなくて、嫁や息子に察してもらうテクのほうがずっと多い。テレビを見ながら「あーあ。死ぬまでに一回こういう温泉旅館に泊まってみたいわね〜」的攻撃ですよ。たいていは、自分の行動一つひとつに、夫や子どもや人様に意見をあおぐ女性が圧倒的に多いんですよ。欲望を口にすると世間様に悪口を言われそうなので、人に察してもらって、間接的にそれを叶えてもらうという処世術。つまり、パッシブ・アグレッシブ、受動的攻撃性です。この話法は、欲望が実際の言葉の裏返しだから、面倒くさいことこの上ないし、それをやってあげるほうは疲れてしまう。

二村　自分のわがままを表に出さないのは、悪者になりたくないからですかね？

湯山　自分の欲望を出すと罰が当たると思っているんじゃないですかね。わがままを言うのは悪いことだと。だから、絶対に表には出さないんだけど、他人が察してくれるように仕向けるのがうまいの。

二村　そういう女性、いますね。かなり昔の社会から連綿と続いているフォームなんでしょうね。男のほうが一見リーダーシップを取っているように見えるけれども、女性が欲望を欲望だと言わずに、わがままを言ってないように見せながら、叶えてもらう。

湯山　その対価として侮辱があってもしょうがない、という取引でしょうね。たとえば、「グッチの新作バッグが欲しい」という欲望を侮辱する側がすくって叶えてくれるなら、侮辱されてもいいとする。男尊女卑はそれで温存されてきた。その上、そうやって侮辱されながらも、男が罪悪感から、その侮辱がきっと尊敬に変化するはずだ、というプログラムを女は信じてるところがまた、タチが悪い。「お父さんは、私のことバカだ、バカだと言い続けてきたけど、寝たきりになって初めて、母さんは最高だ、って言ってくれた」と涙するあの、ストーリーですよ。九州男児を未だに存在させているこの取引。

二村　女が「人間」としてではなく、自立しないことで生きていた時代は、それで別に心も病むことなく、うまく回ってたと思うんですよ。今は女性が「自分は〝人間〟なのか、〝女〟なのか」に引き裂かれている。引き裂かれていることを認めて使い分けられたら女性はラクになると思うんだけど、日本の女性は自覚していない人が多いし、それでミソジニー男性からは「女がうまい汁を吸ってる」ように見えるんだよね。それが両者を不幸にしている。

湯山　というか、そもそも日本において「人間」は外来語。第一章でも言ったけど、近代が作ったもの。男も女も人間という根拠が明確ではないかもね。男は男で「人間イコール男」と思っていて、女は人間じゃなくて「女」。

二村　湯山さんが常におっしゃってるのは「女性よ、まず人間であれ。しかるのちに自覚的に〝女装〟をしたい人はして、人生を楽しめ」っていうことですよね。

湯山　徹底的に人間であって、人間だから尊厳もあって、そこをベースで女を発揮したり、別段発揮しなくてもいい、という整理の仕方は、相当女をラクにすると思いますね、しかしながら、そもそも前に述べたように、「人間という概念を発明する前は、男は男であり、女は女で何の悩みもなかった」ゆえに人間という概念を疑う必要があるのでは、というポストモダンな考え方もあるんですよ。そういった体は小説や映画にも頻出するけれど、はっきり言って、もうそんなユートピアはないし、モダンさえも実現していない日本でこの概念の信者になってもご利益はない。

二村　中年男性は若い女の子と不倫しているときは、奥さんのことも愛人のことも両方侮辱しているんだけど、愛人は若い体をくれるから、それに対してサービスを返して、若い女は若い女で「自分が若い体だからおっさんがサービスをしてくれているんだ」ということに傷ついている。女ではなく人間だという自意識を持ってしまって、デートやセックスが終わるとそれを思い出してしまう。娼婦という職業を自分で選ぶことは人間である尊厳を損ないはしないと僕は思うんだけど、娼婦の自覚がない人が娼婦じみたことをやっていたら、それは傷つくでしょう。ふだんは対等で、セックスのときにだけ支配関係ができるのは、いいんですよ。

湯山　プレイとしてね。

二村　そうなりたいという欲望をもって、セックスのときに遊びとして娼婦になって、あるいは意識的に性奴隷になって、それに応えてくれるパートナーとともに楽しむのはいい。そういう相手は、なかなか見つけにくいかもしれませんけどね。

湯山　現実的にはかなり望み薄だな。

二村　人間って「自分を拡張したい」という気持ちと「自我をなくしてしまいたい」という気持ち、言い換えれば「支配したい」という気持ちと「侮辱されたい」という気持ちの両方がありますよね。エーリッヒ・フロムが『自由からの逃走』で指摘した「人間は自由であることが嫌いで、支配されること・判断を他人にあずけることが好きなのだ」ということ。侮辱されているほうがラクで快感だというのも、それだと思う。「自我が重くて苦しい」ということと関係があるとも思っていて、そこで「瞑想やオーガズムで自我から離れる」とか「圧倒的に美しいもの、感動的なこと、あるいは異界に触れて自我から離れる」のではなくて、「誰かに恋すること・盲信すること・支配されること」でそうなろうとするのが問題。なぜなら、それは結局ナルシシズムが動機だから。

支配されたい欲望を〝セックスのときの遊び〟で満たすのは文化だけど、日常の人間関係の中に持ち込んで侮辱され続けていたら、そりゃ腹が立ちますよ。でも、この社会の男女はそれがほぼデフォルトの関係性になっているので、それをしている男はずっと罪悪感を持っていて、されてる女はずっと怒っていて、支配する側も侮辱される側も苦しくなっている。

男は女性を侮辱するのをやめて、あるいは自分の中にある侮辱する気持ちに気づくようにして、女は恋愛やセックスや結婚の相手に対して〝本当に〟人間になればいい。つまり、お互い自分の中にある〝相手に依存する気持ち〟に気づけばいい。

湯山　結論はそうだよね。今は本当に女性がどんどん男の職場に社会進出してきていますから、男にしてみても、心の中に男尊女卑、すなわち女はバカだ系の侮辱OSで仕事をすると、まず、人事方面でトラブるという現実がある。なぜなら、人は侮辱に敏感だから。近頃取りざたされるパワハラも、するほうは侮辱が基本のOSゆえに、無自覚にそれが出てしまう。そうなると、人間関係がまずもたなくなってくる。

二村　人間としてまっとうな女性が目の前に現れたとき「あいつはナマイキだ」と腹を立てるのではなく、本来は感謝すべき。侮辱しなくて済む女とだけ付き合うべき。というわけで、今は妻のことを侮辱しない努力をするという当たり前のことを、やっと始めているんですが、やっぱり日々出会う人たちを自分より上なのか下なのか測り、下と思える人をばかにしつつ美しければ支配しようとし、醜ければ遠ざけようとしています……。

病む不倫をしないで済む方法

湯山　侮辱に安住できる女って、なんだろうね？

二村　自己肯定感、自己受容感を持てないんでしょうね。ブラックな労働環境やカルトビジネスに搾取され続けている人と内実は同じ。もしくは、亭主がよほど金持ちで、その力でインチキ自己肯定をしてるキラキラ専業主婦。

客観的に見たら侮辱されているのに「自分は、恋をしているんだ」「自分は愛されているんだ」と思い込んでいる女性は、たくさんいますよ。本人がそう思い込んでいるんだからそれでいいじゃん、とは言いたくない。そういう人は、つまり志《こころざし》が低いわけだから、本人が夢見ているような〝いい女〟にはなれない。いつかどこかで男のことを明確に憎み始めます。

既婚の男は、そういう侮辱されたがっている若い女性は地雷だから安易に支配しようと思って近づいてはダメ、それは妻を侮辱することでもある。妻を尊敬したほうがいい。尊敬するということは、妻を母だと見なして甘えることではない。妻は母ではないし、もちろん女中でもない。まず人間として対等にならないといけない。妻に対しても、若い女性に対しても、敬意を払わなければならない。そうしなければ男は、女性たちから愛されることは絶対にない。愛が欲しい男たちには、そう伝えたいです。

湯山 「愛が欲しい」と自覚できている男はほぼいない、のに?

二村 確かに男は、とにかく愛されたい、人生に愛がなくてつらすぎて潰れそうになっているのに、それを自覚していなくて、つらさを〝女性を支配すること〟や〝仕事で成功すること〟でまぎらわそうとしたがる。自分を男として認めてくれる女性が欲しくて仕方がない。「本当は自分が愛されたいんだ」ということになんとなく気づけた男はM男になったりマグロのヤリチンになったりするけど、彼が女性への敬意を持ってないと女の側はシラける。支配したい気持ちは僕も男だからよくわかるけど、それを日本人全体で続けていると大袈裟ではなく世の中が確実にダメになっていく。既婚者は奥さんと、もう一回愛し合えるのかどうか向き合ってみて、ダメだったら別れたほうがいい。向き合うというのは自分の都合だけではなく、奥さんの持っている本当のニーズに応えようとするということ。

湯山　じゃ、女性の場合はどうすればいい？

二村　もっと女同士で仲良くして、女と女の友情や愛情を育めるといいと思うんです。それこそ『マッドマックス　怒りのデス・ロード』でのシスターフッドのように、男の支配に対して共闘する。「女の敵は女」なんて嘘ですよ。それは女を支配したい男の常套句。

また極端なことを言うと思われるかもしれないけど、くだらないヤリチンや亭主関白な男とセックスして侮辱される恋愛を繰り返すくらいなら、いっそ女性同士でセックスしてみればいい。女性のほうが男よりも、はるかに同性愛への抵抗は少ない。悩める女性や、承認欲求からどうしても数多くの相手とセックスしてみたい女性は、バイセクシャルになることを試してみるといい、というのが僕の持論です。あるいは、性欲はオナニーで、もしくは外で後腐れのない男と安全に遊んで依存せず、生活は女性だけの共同体を作って助け合ったり、女だけの大家族で子どもを育てていくというスタイルもあり得る。もちろん、そのためにはまず女性の給与や労働環境が改善されないと始まりませんが……。セックスにしろ、恋愛にしろ、共同生活にしろ、異性である「男性」としかできないと決めているから、依存と侮辱が生まれてしまうのではないでしょうか。

湯山　確かに、男への依存心を断つには、経済的自立とともに、女性は自分の性欲を大肯定し、オナニーでもセックスでも自分の人生の中に具体的に存在させることでしょうね。

二村　儒教社会であってもキリスト教社会であっても、とにかく母親も父親も〝女の子の性欲〟を否定しがち。それが先進国での〝思春期以降の女性の自己肯定感の低さ〟を生んでいるのは間違いないと思うんです。

湯山　そして、そこからが重要なのですが、オナニー部分のファンタジーとは別腹で、そのエネルギーをきちんと現実社会で、他人に向かってセックス欲求として働きかけていくことも人生で一度はちゃんとしたほうがいい。そのアプローチの中には、単なるムラムラからのワンナイトスタンドもあり、魔が差したという言われ方をする友情セックスも、好奇心を満たすだけの冒険系も、恋愛感情を伴ったもの、結婚のパートナー選びの相性試しまでのバリエーションがあることを、これまた肯定していく。肯定するという心性は、すなわち責任を積極的に取るという態度です。まだまだ愛がなければ性欲を発揮しちゃいけないと、セックスをすべて恋愛というきれいごとを前提にする傾向が強いけれど、そのある種の洗脳をはずすことも重要。

もうひとつは、これだけ女性が自らの性欲に自覚的になった時代では、性はすべての人間にいいチャンスがあるわけではないので、男性同様、それを何らかの金銭的サービスに求めるのは当然で、そういう意味の男性化は進んでいくと思いますよ。これもきれいごとではない、現実だろう、と。今までは、直接的なものは敬遠され、そこに恋愛などの関係性を匂わすホストクラブのようなものが存在したけれど、それが、どんどんレンタル彼氏のような気軽で直接的なものに移行していくと思いますね。それに、エステの延長としての性感マッサージは本当に受け皿になっていくと思います。

二村　男はオナニーと風俗が当たり前だけど、女性にとっても、それを当たり前にしていこうということですね。

湯山　ただね、今はみんな、リスクを取ることを本当に嫌う。男性だと歴史的な積み重ねから、風俗はけっこう安全だと認識しているけど、女性はその逆で、まだ危なそう、と思っている。プライバシーもこのSNS時代に気になる。なので、出会い系が中心でしょうね。セックス目的ではない、という言い訳も用意できるし。

二村　ただ、出会い系だと、有名企業で働いていてもDV傾向のあるナンパ師がいたりしますからね。それとホスト遊びでも、プレイとして店の中での瞬間恋愛や癒しならよいですが、店の外での関係に持ち込もうとするホストは危険です。

湯山　ともあれ「恋愛したい」と言っているのは、実は「セックスをしたい」ということかもしれない。そこははっきりと自分で冷静に把握しておいたほうがいい。あるいは、恋愛の途中で、セックスに至る以前にコミュニケーションの喜びという快感のツボが見つかったならば、男友達と食事に行けばいい。デート主義にするわけ。不倫よりも手前にもっといろんなブレイクダウンのポイントがあるから、自分は恋愛というフワフワしたものの中のどこに落ち着くのかと試してみる。たいがい不倫までせずとも、どこかで気が済むと思うんですよ。

二村　「引き寄せの法則」なんて言いますけど、実際、求めていることがやってきます。そのほうが生活は苦しくても精神がラクだから深層意識で不幸を望んでいる人も多い。「誰も不幸にはなりたくない」と思うかもしれないけど、先ほど言ったように、ある種の人は侮辱されたがって生きていることは確か。

湯山　男が侮辱スイッチをおおっぴらに押してくるのは、肉体関係以降だということ。その手前でやめておくのが利口ではあります。

二村　まったくそうです。セックスしないと男は侮辱できないんですよ。ていうか、セックスしてないのに侮辱してくる男は、女から相手にされない。だから湯山さんが言うように、きれいな格好をしていい男とご飯を食べて、ちょっといい気持ちになりたい、それくらいの〝深入りしないデート〟で快感を得られるなら、そのほうがいい。

湯山　ホントにこの対談、リアル指南だな。

二村　男が粘膜接触をした女性を侮辱してしまうのは、風俗にも言えることなんですよ。だから、ＳＭクラブの女王様、あるいは性感エステ店の前立腺責め、男が自慰を女性に見てもらうオナクラや手コキだけの店、つまり女性側が服を脱がない風俗のほうが、女が男より高い位置にいられるから、男にとっても女にとってても健康的です。

女性が脱いで、フェラチオも含めて粘膜を男に与えてお金を取ると、男は金を払ってその女性を軽蔑するんですよ。発射したいなら、自分がリスペクトできる女性に抜いてもらって「ありがとうございました」と言ったほうが男も病まないし、女も風俗で働くことで病まない。SMクラブの女王様に、僕が開発したプロステート・ギアをケツの穴に突っ込んでもらって気持ちよくなるほうがいい。

湯山　SMって、とことん日本人に合ってるかもね。実際のリアルな軽蔑を受けない女の風俗がSM。M女になったとしても、それは役割上のことだから。女もポルノ体験と日本の性文化の影響で内在化してしまっている、「軽蔑の快感化」バイパスも、SMならばプレイ化されているから、自己が守れるというわけでしょ？

二村　女性がMの緊縛プレイは美学的なので、茶道や華道に通じる道があります。家元制度じゃないけど、縛り手をカリスマ視する流れも昔からあり、若い人からは〝現代緊縛〟みたいな動きも起こっていますが、いずれにせよ縄で縛ることは心を包んで〝赦《ゆる》す〟ことであり、縛られることは最終的には精神が解放されることだと、緊縛の名手は必ず言います。もちろん危険が伴うことですから技術の講習や、医学的な知識、最悪の事故が起きないように細心の注意を払うことは絶対に必要。だからと言って秘教化するのはいいことではないので、エロい男女はみんなもっとSMを、できればリバーシブルに、SとMが交替できるようにたしなむといい。男が女を支配するためではなく、〝ゲームとしての侮辱や苦痛や過剰な快楽〟を楽しみ合って男女が対等になるために。

湯山　好きだという女性が多い〝言葉責め〟や〝軽いスパンキング〟にだって、作法があり、歴然と「うまい下手」の違いがある。男が緊縛することで女性をイカせるときに、チンチンを使うのは〝野暮〟なわけですよ。女性を縛ってもご主人様ヅラしない。「俺はお前のことをわかってるんだぞ」という顔をしないことです。ちゃんと女性を大事にできるS男性は健康だしモテます。

二村　男は精神的なマッチョぶりの支配性をエネルギーにするでしょう。SMはそれを様式化している意味で女性にとっても安心かも。

ただし、やはりM女を志願する人にメンヘラが多いのは事実。遊びで済まなくなってしまい、プレイでの主従関係を日常に持ち込んで依存してしまう事例は多発しています。そこは男もしっかりしてなきゃいけないし、もしかしたらさらに上の女王様に、ダメな男にはダメと、M女に対しても「あなた依存しているよ」と言ってもらったほうがいいのかもしれない。そのへんのモラルが守れれば、茶道や華道のようにたしなみとして楽しめる。ネガティブ・ヤリチンや男メンヘラの自称S男は多いですから注意は必要ですが。プロの有名緊縛師なら絶対安心というわけでもなく、中には支配欲が強い人もいる。男に縛られるのが抵抗ある女性は、レズっ気がなくても女性縛師に縛られてみるといい。一流女性縛師の縄は、とても優しく繊細です。もちろん女同士だったら共依存にならないという保証はないですから注意が必要なのは変わらないですが。とにかく、男性にとっても女性にとってもSMはおすすめ。

侮辱してくるパートナーとは距離を取る

湯山　SMは不倫より、家庭にとってもおトク？

二村　お互いの趣味が合って夫婦で実践できたら、それが一番いいですけどね。マゾの男性が縄を自宅に置いていて、何も知らない奥さんに見つかったという失敗例は聞きましたけど（笑）。奥さんにとっては、それはやっぱり〝浮気〟だろうな。

湯山　今、俺、縄跳びにハマっているんだよ、って。それはないか（笑）。

二村　浮気がバレるときって、深層意識にバラしたい気持ちがあるんだと思います。「わかってほしい」という甘えで、それもまた侮辱の一環。

湯山　夫婦関係も長いこと続けると、相手のことを理解するようになるでしょ。あきらめとともに。そうすると、そこは互いに了解できるかもしれないですよね。

二村　自分では対応できないパートナーの変態性は、家に病気やトラブルを持ち込まなければ外部委託で認めてあげようという考え方がある。日本の男は、奥さんにずっとそれを制度で無理やり許させて、あるいは見ないようにさせてきたんだけど、奥さんに変態性や浮気心があるなら、旦那もそれを見て見ぬふりで許してあげるようにならないとバランスが悪い。奥さんも「あんたなんかより、よそのほうがいい」なんて旦那のことを侮辱しない。そういったルールを作らなければいけない。

湯山　その中で、たまさか本当の出会いがあって、やっぱり、パートナーを解消したい、ということがあれば、それはあり、ということは言うまでもない。

二村　今までのがインチキ自己肯定だった、やっぱり旦那は私を侮辱していた、あるいは「このままだと私は相手を侮辱してしまう」と気づいたら、適正な距離を取らなくてはならない。それで元のパートナーと別離することになっても、それはしょうがない。ただ間違えちゃいけないのは女でも男でも、侮辱して（させて）くれる浮気相手のほうに行っちゃって、本当に愛してくれているほうを捨ててしまうことがあるでしょ。恋愛で頭がカーッとなっていると。

湯山　そう、恋愛状態とは基本、非常識。合理的ではない状態なわけだから。

二村　恋愛を無条件に「よいもの」とするロマンチック幻想は本当にキツい。橋本治の『恋愛論』での定義ですけど、まさに「陶酔能力とは、陶酔（恋）を自分の中に飼っておいて、上手に（自分の人生のために）安全に使える力」のはず。ところが本来だったら自立していて陶酔能力が高いはずの賢い優秀なキャリアウーマンほど、ヤリチンとの恋愛や不倫でボロボロになるケースが目立つ。いろんな社会的な要因もあるけど、そういう女性は冷静で真面目だからこそ安全な陶酔能力が低い。強いからこそふりまわされて過剰な痛みを感じないと陶酔できない。つまり陶酔の沸点が危険なくらい高いのではないか。これは紫原明子さんの説です。とにかく陶酔までの沸点が高いと、侮辱する男、ふりまわす男、女性を心の底で対等な人間だと思っていない男に恋をしがち。

湯山　そうなんだよね。ちなみに、そのフレームで言うと、私が内部で飼い慣らしている恋愛系陶酔のトリガー、すなわち、私が男性に惚れるとしたらどこなのか考えたとき、それは地に足がついてない「上の空」感がある男なんですよ。歌舞伎でいうと片岡仁左衛門が演じるところの世之介みたいな。よく会議でポーッとしてる奴いるじゃん。重要な会議なのに上の空。つまりここにいない旅人。そういうのに弱い。意味不明の奴にグッとそそられる。昨日も知り合いに連れていかれた小さいワインバーのマスターがそれ系だった。愛想が悪くて、まったく遊び人には見えないんだけど、唐突に「キャバクラ遊びは、恋愛です」みたいな陳腐な訳のわかんないことを言い切ったと思ったら、今度は厨房に引っ込んでなかなか出てこない（笑）。ホントに意味不明。顔も齧歯《げっし》類みたいな不思議系。芸人で言ったら、スピードワゴンの小沢一敬。あのタイプは私にとってかなりヤバい。

二村　旅人といえば、『ムーミン』に出てくるスナフキンに憧れる女性は多くて、男もスナフキンになりたがる奴いるけど、えせスナフキン的な二枚目って、他人の内面にまったく興味がないんですよ。「男は少年」という決めつけもよくない。人妻は浮気したいならレンタル彼氏とデートするほうが、へんな男と不倫して支配されるよりマシだと思うんですが、男の中には女を支配したくてレンタル彼氏やホストを志すダサい奴もたくさんいるし、そこに心まで食われてはいけない。「遠くを見ている人がいい」というのは、結局、人間は「支配したい」という気持ちがある一方で、支配できないものを追いかけてしまうからですよね。男だって、何を見ているかわからない女のことは気になりますよ。

湯山　それを言うなら、サントリーのハイボールのコマーシャルには感心したなあ。紋切り型だけども清楚で優しそうでエロいバーのママがいて、カランカランってハイボールもらっただけでポーッとなっちゃう男。実は女目線でも、男のセクシーさをうまく描いている。ああいう、純情な男はセクシーですね。

二村　男が無防備に弱みを見せてるってことですかね。

湯山　実はそういうケースは、たくさんあるのかもしれないけど、私が見落としているのかもしれないね。

二村　男は女に惚れないのがクール、という風潮があるじゃないですか。

湯山　あるある。

二村　あれ、よくないね。男が女に惚れるほうがクールだと思うんですけどね。男は〝変わりたくない〟から、自分を壊されたくないから、生身の女に恋しない。でも恋愛の醍醐味って、好きになったことでこっちの価値観が変わることですよね。自我を守ることじゃなくて。

湯山　男だけでなく女も同じですよ。「本気じゃない、遊びよ」と言って、真心の証しとしてのプレゼントと承認欲求だけを求める。

二村　身代金代わりに自分の体を投げ出しておいて、後になって搾取されたと不平を言う。ハイボールのコマーシャルのカウンターの中にいる女性は、男から菩薩《ぼさつ》化されているのとはまたちょっと違いますね。

オーガズムは自分で得るもの

二村　男性は女性のオーガズムをすごく神秘的なものだと思っていて、だから俺がイカせたんだと思いたいわけですよ。しかし実際には筋肉や子宮の痙攣にすぎないわけで。オーガズムそのものはオナニーで……。

湯山　自分でできるわい、みたいな（笑）。

二村　女性が自分の体にアクセスできていて、男はその手助けをさせていただいているだけのこと。本来「あなたの手助けは悪くなかったわよ、ありがと」くらいなことで仲良くなれればいいんだけど、そこに男の支配欲が出て「俺がイカせてやったんだ。お前は俺のチンポに夢中だろ？」とか言うと、それで「何言ってんの」と笑ったりムカつけたりする女性はいいんだけど、女のほうもそんな気になっちゃうパターンもある。自己肯定感の低い女性はイカせてくれた男性に恋をしてしまいがちですが、相性がよくてそうなれたのだとしても、女性のオーガズムというのはあくまでも自分で得たもの。またオーガズムを得ている瞬間の女性というのは、それが偽物でなければ（あるいはAVによって陳腐化したものでなければ）男にとって非常に魅力的な存在。自立している女性は、そのことがちゃんとわかっていて、媚びずに、男を惹きつけます。

湯山　確かに、オナニーで毎回確実にイケるもんね。ちなみに、クリトリス・オーガズムではなくて、挿入ありきでイク膣オーガズムのほうが桁違いに凄いという言説が、女性からも言われるのは、「私にはそういう男がいる」という女の特権意識と、男根主義の疑いがある、と私は思っているんだけどさ。多くの女性は現実的には前者で充分、と思ったほうがいい。

二村　膣オーガズムすら、腹筋と骨盤底筋の訓練で、セルフでも可能だそうですよ。やっぱり自分のオーガズムについては充分に訓練し、相手のそれには憧れをもって接するのがいいんじゃないですか。お互い自分のオーガズムは自分にとってよくわかることで、相手のオーガズムは自分の手が届かないものだというふうにしておいたほうがいい。

僕は、男の射精なんてオーガズムとは呼べないと思っています。自我を一瞬でも失うほどの快感じゃないんです。通常営業であって、決して異界をのぞく行為ではない。

湯山　二丁目で遊んだときに、ある男の子がゲイのみなさんの奸計《かんけい》にハメられて、チンコをさらすことになっちゃった。その子はゲイではないんだけど、「あんた、ここにムスコを出してみなさい」と言われてペロンと出したんだけど、その様子に屈託がない。自分のオモチャを見せちゃったくらいの感じ。性器における、そのガジェット感は女にはないね。

二村　男は守るべきところとは思ってないですね。基本的にオチンチンをさらけ出すことをマイナスだと思ってない。むしろ自慢したい。

湯山　よく「息子」と呼ぶじゃない。他人格だと思っている。

二村　やんちゃな暴れん坊とかいうのは「ときどき、こっちの言うことも聞かなくなる」。つまり、よくも悪くも不如意だということですが、都合の悪いときだけ他人格にしてるじゃないですか。勃たないときや、レイプじみた強引なふるまいをしてしまって後悔したときに「こいつのせいだ」みたいなことを言う。無責任ですが、でも男は自分のチンチンが大好きですよ。「お財布の中にどれだけお金が入っているか」みたいなものなんです。体の近くにあって、でも自分の体ではなく、自分の手で触れて、自分のエネルギーを証明できるもの。それでしかオーガズムを感じられないと思い込んでるから、男は射精のときも「俺の力で、この女は満足したかな」と冷静でいて、だからこそオーガズムの後に多幸感が味わえず賢者タイムが訪れてしまい、さっさと背中を向けて寝たい、携帯を見たいと思う。でもそれではセックスは楽しくない。だから支配したくなるんです。ケツを掘られてドライ・オーガズムを得ろというのは極論だけど、そこまでいかなくてもオチンチンでも乳首でも、よがりまくっていいんですよ。

湯山　オチンチンは女をやっつけるためのピストルじゃない。

二村　ゴルゴ13じゃなくていいということだね。

湯山　そう。圧倒的に気持ちよくさせられると、射精の後タバコを吸う気にならない。むしろ幸せな気持ち、熊谷晋一郎さん言うところの「敗北の官能」を感じられる男のほうが、これからの時代は幸せになる。

湯山　敗北の官能を知っている男……。うーんこれは、男として最高に色っぽいな。セルジュ・ゲンスブールや、勝新太郎クラス。いや、これもまたイメージなんだけどね。

二村　男の快感は女を支配することなんだと思い込んでいると、年を取れば取るほどチンチンは勃たなくなっていくばかり。Mの女性とも対等に接してセックスのときは繊細に注意を払いながら〝プレイとしての侮辱〟を与えればいいし、Sの女性からは支配されたっていい。

湯山　50代以上になると、そこらへん、変えたほうがいいよね。

二村　オチンチンがなくても舌だけで女性を喜ばせることができる人もいるし、いろんなやり方がある。チンチンが勃たなきゃいけないと男も女も思っていると、ある年齢でセックスは終了してしまいます。

老いていく身体と向き合う

湯山　四十路と五十路が違うのはリアルに体力ですね。年を取るといろいろあきらめて丸くなるというのは嘘で、蓄積したものに、自信も加わってくるから、思考が力強くなってくる。しかしながら、それに、体がついていかない。今までメンテしなかった体に、今後復讐されそう。体重はヤバいし、いろいろ数値もよくないのね。目はいいほうだけど、視力も衰えの兆しがあるし。体のためにわざわざ時間を割いてケアしなきゃいけないことが出てきた。

二村　老化防止や健康のために運動しろと言っても、ひとりではなかなか続かない。セックスよりも全身運動で、なおかつ異性とフィジカルな接触があるというのは、ダンスかもしれない。チークダンス。あるいはペアでやるヨガやストレッチや、マッサージ。それと年を取りすぎてるとキツいけど、サーフィンは自然からの過酷な刺激に素早く対応しなきゃいけないし運動量も凄いので、セックスの能力を鍛えるには最高のスポーツだと聞きます。

湯山　そうね。50代になって、もの凄くフィジカルが大事になってきた。

二村　女性は、閉経後、自分の性器や生理現象とどう向かい合うものなんですか。

湯山　私は、生理がなくなって本当にせいせいした。よく、毎月あんなシロモノがやってきてたなという感じ。私、生理がそんなに重くなかったし、ほとんど初潮のころからタンポン派だったので、まったく負担がないタイプと思っていたけれど、違う違う。今思い返すと、それでも身体の波はあったし、性欲という意味ではホルモンの力は大きかった、と。月一回の処置はまあ、ホントに面倒くさかったよね。下着の手洗いとかさ。でもそのことを「女でなくなった」と落ち込む物語には一切乗らなかった。空気は読めるけど、空気には乗らない。これ、私の人生スキルだから。

二村　中高年の男性の性の話をすると、チンチンが勃たなくなってくるのは当たり前なので、とにかく腹式呼吸とお尻の穴を締めること、つまり前立腺を意識する習慣をつければ大丈夫。本当に男性はケツの穴を締めたほうがいい。

湯山　ああ、女子もあるよね。膣トレ。

二村　男も膣トレとまったく同じことを、肛門でするべきなんです。女性はヨガに興味がある人も多く、男よりも自分の体に関心が高いでしょう。男って自分に「内臓がある」って思ってないんですよ。二日酔いにならないと自分に胃袋があるとわからないのと同じで、女性は毎月一回生理があって自分の子宮やマンコの面倒くささと向き合うわけじゃないですか。男は毎日チンチンに触っていても、自分でチンチンをコントロールできてると思い込んでいて、コントロールできない部分が自分にあるとは夢にも思ってない。だからEDになるとガックリくるんです。そもそも体の中に何かを入れられることもない。女性はセックスのときに〝入ってこられる感覚〟を知っている。男でそれを知っているのはマゾヒストとゲイの受けの人だけ。だから男は弱いんです。

男はもっと自分の内臓を意識したほうがいい。お尻の穴を意識してキュッキュとやってるだけで老化にブレーキがかかる。ゲイの受けの人に若々しい人が多いのは、それをやっているからなのでは。

湯山　女性の場合、ハイヒールは腰によくないと言うじゃないですか。でも、そのわりにはヨーロッパなんかでは、けっこうご老体がハイヒール履いているし、おばあちゃんたちも腰が曲がっていない。そうしたら、日本人はそもそも、草履を履いていたときの膝が曲がる摺《す》り足でもって靴の生活をしているから不具合が出る、という身体メソッドがあって、逆にハイヒールを履きこなすことができる身体法を教わったことがある。バレリーナはずっとつま先で立っていて内股が鍛えられて、骨盤も正しい位置にしっかりと収まっているのね。ハイヒールの靴はその体で履きこなすと、骨盤が締まり、腰痛にもなりにくいらしい。

二村　かかとに重心をかけず、つま先で立つということね。それで肩甲骨も後ろに引いて肩の力を抜けば、姿勢もよくなっておっぱいも上を向く。

湯山　骨盤がきちんとしていると、生理痛も軽いと聞いた。とはいえ、ハイヒールって大変なんだよね。年を取ると本当につらい。鍛錬っすよね、鍛錬。

母親ベタベタとセックスの間のスキンシップを！

湯山　日本の文化の中では、母親のベタベタがあまりに強いけれど、考えてみれば、その後のスキンシップがずっとなくて、その後がいきなりセックスということになっちゃっているんですよ。異性とのセックス以外にスキンシップするチャンスがないんだよね。昔、フォークダンスを「いやだー」と言いながらドキドキしながら踊ったものだけど、今どれだけペアダンスが運動会で存在しているのかな。今は体育のダンスと言えば、ヒップホップでしょう？　１９７８年にディスコ映画『サタデー・ナイト・フィーバー』が流行って、風営法で取り締まられる前だから、私の高校時代は、そんなにイケてない子も含めて新宿のディスコに行って、チークもクラスメイトと踊って、凄く楽しかったんだよね。卒業パーティもディスコだったし。遊び人もそうじゃない子もみんなで貸し切りにして、レッツ、チークタイム。今まったくないでしょう、オクテの男女がスキンシップする機会。それがあれば、セックスを肌と肌の触れ合いの延長として、緊張せず、こなしていけるようになるんじゃないかな。

二村　それでたまに女性と交流する場があると、はしゃぎすぎちゃうんですよね。無礼講という意識になってしまう。もっと他人との上品なスキンシップに慣れたほうがいいということですね、母親とのスキンシップを卒業して。

湯山　問題は、ダンスパーティを開くと女性の参加者は多いんだけど、男はまだまだなの。これ、聞いた話なんだけど、中高年の演劇サークルが最近、地方でもできているらしいんだけど、その演目が戯曲ならば男性の参加者が多いのだけど、舞踊、コンテンポラリーダンスというと、その数が激減するらしい。演劇に意識の高い男たち、つまり文化系男子は「所謂ダンスだろ」ってばかにしちゃうらしい。

二村　意味や物語なく体を動かすことを、しようとしない。ばかにする裏側には、自分を守りたい、怖いという気持ちがあると思うんです。本当にばかにしているわけではなく、ばかにするスタイルを取ることによって、自分が傷つかないように守っている。

湯山　踊れないと、相当カッコ悪いからね。見た目が。

二村　自分の体やリズム感に自信がないか、もしくは自分がイケてるという自信が過剰にあるか。過剰に自信があるといっても、その根拠は、高いスーツを着ているとか、ジムで金をかけて鍛えていることによって、体がペニス化していること。ジムで鍛えていてもダンスしたことがなければ怖がるだろうな。体は〝自分自身〟ではないから、常に自信はないんですよ。〝自分は自分である〟という根拠のない自信があると、自分を放り出して恥をかくことができる。それができない男が多い。

湯山　男の競争原理は本当に、何度も出てきてウンザリしますよ。菊地成孔《なるよし》さんが「ホットハウス」といって、男女がジャズで踊るダンスパーティを開催してるの。そこで、「リンディホップ」というペアダンスの先生が30分くらいコーチングしてから、「はい、踊りましょう」となったら、菊地ファンなんて文化系男子が多いから最初はみんな全然踊れなかったのに、回数を重ねていくうちに、踊れる男が増えている。毎回、結構密接で肩に腕を回して腰を持ったりべったりなんですよ。「とてもできません」という感じだったんだけど、一周するとその壁がすでに溶けてくるから、要するに場と経験ですよね。

自立した女性が男を欲情させる方法

湯山　それから今後の男性の課題は、「侮辱する相手に欲情する」そして「尊敬する相手には欲情しない」という常識とは別の回路を作ることだよね。そうすれば女性にとって朗報。実際にその回路がちゃんと開いている男性もいることにはいる。だから、みんなを引き込むパワーがある女性は、容姿がダメでもモテていたりする。ただ、そういうカップルの男性側に、女性のほうの魅力を訊くと必ず返ってくる言葉が判で押したように「かわいいから」。どういうことなんだろう？

二村　湯山さんにとって、かわいいって言われるのは、ちょっと嫌な感じがあるんですか。

湯山　穿《うが》った見方をすると、劣位なところが見えるということにもとれる。

二村　「かわいい」と言うことで、自分が支配できる対象と見なすという？

湯山　ということも考えられるね（笑）。ひねくれすぎているかな。

二村　うーん、一見関係ないようだけど、「萌えとは何か」という話があるんですが、ちょっとその話をしてもいいですか。オタクの人の中には「萌え」と性欲は関係ないと主張する人がいるんです。そんなわけはないと僕は思うんだけど。

湯山　いやいや、萌えは性欲そのものでしょ。

二村　萌えは、弱い者を守ってあげたい気持ちなのかというと、そんなことはないんですよ。なぜなら「女教師に萌える」とか「強い女に萌える」こともあるわけで。では、何かというと、萌えとは〝憧れと性欲〟がいっしょにある状態のことではないかと僕は思うんです。「女子高生萌え」や「かわいいもの萌え」は確かにあるけど、簡単に手を出したり支配できるものに対しては萌えとは言わないはずなんです。つまり本来、軽蔑の対象には萌えない。

湯山　ああ、なるほど。

二村　援交女子高生には萌えない。学級委員長に対しては萌える。同じ女子高生であっても、距離感が違う。萌えてりゃいいのかというとそんなことはないんだけど、湯山さんの話でいうと、その「かわいい」は「支配できるからかわいい」と女性を侮辱したりマウンティングしているわけではなく、自立している強そうな女性への萌えに近い、かわいいけど手が出せないという、ちょっと尊敬するというニュアンスが入る欲望ではないかと思う。そうであれば、萌えも「かわいい」も悪いことではないな、と。

湯山　ああ、そうか。

二村　たとえば自分にやらせてくれない強そうなギャルに萌えるというのはあるんだけど、金を払えばやらせてくれるギャルには萌えない。

湯山　尊敬しつつの欲望というのは、熟女ブームにも通じるのかな。

二村　熟女ブームは単純にいいことだと言えないのは、そこにはマザコンがあるから。全部を許してくれるという甘え、言い方はよくないけど「劣化している女だから、自分を許してくれるだろう」という甘えがある。それだと全然、尊敬してない。本当のマザコンは、熟女を尊敬しているんだろうと思う。だけど甘ったれたマザコンは熟女をばかにしている。だからこれだけ熟女ブームが一般になっているというところがある。

湯山　ちなみに、お笑いのロバート秋山（竜次）には、マザコン熟女好きではなく、尊敬の対象としての熟女好きを感じる。初期の『アメトーーク』（テレビ朝日）で、秋山、ピース綾部祐二、キャイ〜ンのウド鈴木といった熟女好き芸人が集まって本音トークをしていたんだけど、その会話には嘘がなかった。テレビって恐ろしいことにその人が本気かどうかが視聴者にバレるじゃないですか。台本のキャラ上でやってるとは思えなかったな。何が凄いって、今となっては熟女好きは当たり前のように受け入れられるけど、当時は初期だったから変態性を問われて、彼らは成熟した女性がどれだけ素晴らしいかということを本気で語ってたね。

二村　本気の、変態としての熟女萌えの男たちは素晴らしいと思う。だけど、今、多くの熟女エロ本が売れている背景には、先ほど言った「劣化している女だから自分のことも許してくれるだろう」という甘えもある。本来、萌えは「近寄りたいけど、近寄れない」という引き裂かれであり、そういった相手を思う気持ちのことなんじゃないかな。自分を許してくれるかどうかは関係ないはず。許してくれるから、いろいろやってくれるから、「熟女キャバクラだったら安い

湯山　から」なんて、バカにした話ですよ。

二村　男の拙《つたな》いテクニックに対して、若い女のように「ケッ」と言わないから、とか。男が努力しなくても、熟女の側でなんとかしてくれるだろうという。

湯山　それは、充分に考えられるなあ。

二村　それは萌えではなく、侮辱ゆえの勃起。それらが混ざっちゃってるんだよな。

湯山　やっぱり、老化=劣化した女、という強い軽蔑ラインが出てくるわけです。そこをセックスのためには「侮辱もオッケー」と取引するか、それならノーサンキューとなるか、悩ましいところだよね。

きれいな男女しかセックスしてはいけないという幻想

二村　そもそも男は、なぜ若くてきれいな女性とじゃないとセックスできないと思ってるんだろう。

湯山　若くてきれいな女にきれいな子どもを産んでもらいたいという、それだけの話だよね。それが、王手のようにバシンときいてるんでしょうね。

二村　それが本能なのであれば、精子だって若いほうがいいじゃないですか。なぜ男から女への欲望だけがそうだとされているんですかね。

湯山　中年女が若い男のことが好き、というのとは違って、もっとテッパン感があるよね。

二村　あとは、若い女をトロフィー的に連れているってことが男にとって……。

湯山　金と並んで女も男の権力の象徴なので、若くて、きれいな女のほうが、他人の羨望を集めてイバリがきくよね。

二村　若くてきれいな女を連れている男が男性社会では偉い。それにAV女優やグラビアの女の子の質が昔より上がったことで「セックスや恋の対象は、若く美しいものでないといけない」と思っちゃっている女性も増えた。男性社会の要求を内面化しちゃってる。

湯山　金と権力を生む美の基準がどんどん上がっている上に、見た目がモノを言うメディアの時代に生きているのだから、それに影響されないわけがない。昔は男はどんな出っ腹でも関係なかった。今は男も見られる性になってきて、美を追求しなきゃいけなくなった。その美の規範は、単にメディアの刷り込みにすぎないんだけど。

二村　男って、もともと自分の体を「気持ち悪い」と思っているんじゃないかと思う。僕は自分のチンチンは嫌いじゃないんですけど。

湯山　そこは、好きだよね。

二村　大好きですよ。それは多くの男もそうじゃないかと思う。ただ、やっぱりチンチン以外の自分の体はそんなに好きじゃないんですよ。僕は、AVでは男の体はあまり見たくないので、チンチンしか出てこない痴女モノや、女の子にチンコを生やすふたなりレズものを作る。でも女装AVでは〝美しい男体〟を好んで撮っている。醜形恐怖とナルシシズムが同居している自覚はあるんですけどね。自分の体、醜い男の体が嫌い。

湯山　女にとっても、そうそう自分の体が好きという人はいないよ。しかも、それが老いた自分の場合は……。補正下着があれだけ売れるのはそういうこと。

二村　反論ではないんですが、僕は若いころのほうが今よりも自分が嫌いだった。今のほうが肉体的にもましです。でも、湯山さんが言っているのは、女性の一般的な老いの感覚ですか。

湯山　男性の一般的な老いも同じ。醜形恐怖をセックスが超えられないんだよ。
二村　確かに男はほっとくとどんどん醜くなっていく。街を歩いているおっさんたちを見ると、本当に醜いなと思う。
湯山　確かにノーケアの男は、知性さえ疑ってしまうよね。
二村　男も自分に目が向くようになってしまったということですかね。もともとは目をつぶっていたでしょう。守られていたでしょう。女性と違って、自分のチンコ以外のものは見なくて済んでた。だからショックを受けるとすればチンコが勃たなくなったことだけであって、自分のお腹がだんだん出てきたとか、肌が老化してきたなんていうのは多くの年配の男は自覚していませんよ。
湯山　全然見てないですよね。
二村　だけど若い男は鏡を見るようになり、チンコ以外のものも見るようになった。
湯山　女並みにね。
二村　鏡を見るようになった若者たちは、よっぽどイケメンかナルシストじゃない限り「自分に女をつべこべ言う資格があるのか」というふうに思うようになってきてるのかもしれない。

セックスは贅沢品になりつつある

湯山　でも、女性は素晴らしい、と手放しで女を礼賛する、男性の愛にあふれたフェミニズム発言はちょっと信用を置けないところがある。なぜならば、女たちにエールを送るフェミ男たちは、往々にして、ホモソーシャル世界で男同士のマウンティングに負けた、正しくは闘う前に負けることを察知して逃げてきた男たちが、女の中に自分の居場所とユートピアを見つけているように思えちゃうときがあるんですよ。しかも、その「出向先」で自分が男社会で挫折したマウンティングに再トライするような場合もある。

二村　厳しい意見だけど、その通りですね。

湯山　ワタクシ、申し訳ないが、二村さんと初めてトークショーでお話しした後の打ち上げの席で、女子たちが二村さんの周りを取り囲んでいるのを見て、かなりドン引いたのは、その感じがあったから。

二村　一言も反論できないですね。男社会からはじき出されたことで一見リベラルっぽく見えるようになった男が「この人なら私のことをわかってくれる」と寄ってくる女性たちにモテて、彼女たちを支配する……。彼女たちは、こっちに承認を求めてくるわけだから御しやすかったんだけど。そうではない〝対等な女性〟はそんなわかりやすいパターンがないし、なぜ僕に興味を持ってくれてるのかがよくわからないから面白いんです。

湯山　そういう女性は結構年配でしょ。

二村　40代、50代の魅力的な女性を何人か知ってますけど、30代の人にもいますよ。

湯山　彼女たちはセックスに対して、絶望してないの？

二村　セックスや恋愛に夢を見すぎてはいないですよね。「私を見て、私を見て」みたいな承認欲求がないということは絶望してるのかもしれない。被害者意識がないのは「自分も過去に相手を傷つけたことがある」と自覚しているからじゃないでしょうか。幻想とセックスしているメンヘラのエロさとはまったく違って、過去にいろんな相手とセックスしてきたその女性ならではのセオリーがあって、それは一人ひとり違うんじゃないか。きれいに言いすぎかもしれないけど、類型化できないんです。

湯山　そのメッセージはキャッチできたんですか？　それは凄い。

二村　普通はキャッチできなくて、すれ違うものなんですかね。

湯山　こっちが出してるつもりでも全然届いてなかった、ということは、けっこう一般的。モテる人は、男も女もキャッチの仕方がうまい。

二村　セックス復権ができるとしたら、侮辱のセックスをしていないで、対等な人間同士で共に生きること。逆説的ですが、そういう関係はマッドマックスとフュリオサのように、セックスも恋愛もなくても愛し合える。岡田斗司夫さん騒動以降、若い子だろうが年配の人妻だろうが承認欲求が強い人と支配のセックスをすると、最後は必ず憎まれて終わりだということが、みんなよくわかった。

湯山　ここんとこ、みなさんきちっと学習したほうがいいですよ。

二村　男から性欲そのものがなくなったわけではないでしょう。特に若い男の子。オナニーはするというじゃないですか。

湯山　性欲はなくなってない。オナニーがセックスぐらいの感じになってますね。だから現実のセックスはもの凄い贅沢品。

二村　贅沢品ですよね。ジャンクなセックス、メンヘラのセックスは世間にいくらでもあって、ラブホテルは満室。だけど尊敬と愛情が含まれる、人間対人間の関係は貴重品。

されどもセックスを過大評価しない

湯山　さっき、「クリトリス・オーガズム」「膣オーガズム」という話が出たけど、私、自分の体験だと、膣オーガズムは数えるほどしかありません。奇跡みたいなもの。そのときは「ああ、凄いな」と思ったんだけど、よく考えたらそれほどのもんじゃないよ、悪いけど。私の人生においてそれがあったからといって、何か起こるわけでもないというぐらいの考え方が正常じゃないかと思うんですよ。

二村　まあ、それが正常じゃないですか。セックスに絶望する一方で、セックスに重きを置きすぎてるというところもある。

湯山　あるよね。「たかがセックス」というのは、大人は当たり前じゃないかという気がする。貴重品として、「やるんだったら、楽しい境地はあるよ」という程度が正しい。

二村　バブル時代の景気のよかったころは、セックスをロマンティックラブ・イデオロギーに利用していましたよね。幸せな恋愛の裏側には幸せでめくるめくセックスがあるとされていたり。それこそ女性誌のセックス特集にありがちな、愛があれば必ずエロいセックスができるという物語を作りすぎていた。そんなね、愛し合っていれば体の相性が必ず合うなんてはずはない。

湯山　よくAV女優が、「忘れられないセックス」とかなんとか言うけど、あれは職業上のブランディングで本来、地味なものですよね。

二村　心が許せる相手であればリラックスしてオーガズムに達せる場合もあるし、そうでない相手なのに肉体的にイッちゃうこともある。恋をしちゃって、心を支配されている言い訳に「体の相性が合いすぎるんで別れられない」などと聞き苦しいことを言うケースもある。

湯山　愛があれば、充実したセックスになるとは限らない。そこが面白いところだし、そこは冷静になったほうがいいですよ、みなさん。いろんなことの真相が、情報公開されてきている中で、最後のそこだけはまだファンタジーが残ってる。

二村　愛ではなくて恋とセックスが、それに依存中毒してる人にとっても、それを憎んでいる人にとっても、結局心の中心を占めているからでしょうね。でも、だからこそ「しない」というのも、ひとつの選択肢としてある。好きになった人や友情が結ばれた人と「やったら楽しいだろうな」と思いながら、あえてやらないのは、とてもいいと思いますよ。

湯山　ただ、今、世の中はすごく暴力的になっているじゃないですか。フィジカルというよりも言葉の暴力。ネットの炎上もそうだし、ネトウヨのヘイトスピーチも。

二村　ケガをするまで喧嘩がやめられない、みたいなところはありますね。フェミニストの中にもヘイト発言をする人がいる。

湯山　その原因は、恋愛レス、セックスレスも関係していると思う。しない、やらないを選ぶのもいいけれど、一度はそれらの洗礼を受けて、矛盾も理不尽もありの人生の渦中を生きることをしないと、愛ゆえの諍《いさか》い、暴力という、結果、戦争にまで繋がる人間の本質について理解が浅くなる。男と女の現場では、攻めと受けのある種の闘争が起こりますよね。善い悪いの話じゃなくて。一般的な話として。攻められながらも上になったりの闘争のゲーム。暴力や争いの調停

二村　感覚もセックスにはあるからね。仲直りセックス。心理的なマウンティングではなくて、それこそプロレスみたいなマウントの取り合い。ゲームとしての意地の張り合い。あれは、とても面白い。

湯山　セックスレスの時代になって、その闘争がなくなったから暴力が直接的になっているのかもしれない。

二村　セックスの場で寸止めで楽しめばいいのに、シャレにならない暴力が知らない人に向かっている。ツイッター上で、あやまちを犯して弱っている人をとことんディスって追い込んでいい、ってことになっている。でも正義の名のもとに匿名で他人を攻撃する人は、右翼も左翼も男性でも女性でも、童貞くさい。

SMプレイでも、限度を知らない子が増えていますよ。本来プレイはプレイとして、終わったらけろりとしているべきなんだけど、男に首を絞められることで「私とあなたは特殊な関係ね」と主張する。それも「SMってそういうものでしょ」という、観念が前提となっている。

湯山　遊びがない上に、情報化されてるしね。

二村　そして、そうしないと命を燃えさせられないと思っている。真面目すぎるのかもしれないですね。セックスは人間同士の〝遊び〟であっていいと思うんだけど、そうならない。

湯山　まあ、遊べない人は多いですよ。遊びって、人が集まって作り上げるものなのに、エンターテインメントなどの消費サービスのそれしか知らない人は本当に多い。

二村　ネットの時代は、相手がキーボードで打ち込んだテキストに簡単にアクセスできて、それが相手の心だと短絡的に結びつけがち。昔は、もっと互いに探り合うような部分があった。「昔はよかった」という話はしたくないけれど、やっぱり確かに想像力は奪われているのかもしれない。インターネットは、オナニーともジャンクなセックスとも親和性が高い。

湯山　高いね。

二村　もの凄い体位をするとか潮吹かせてイカせるとかそんなことが重要なわけじゃない。肌が触れ合うことだけでやりとりできる感情は相当あるはずなのに、事前にネットで見た「こうすれば潮を吹く」という情報で満足してしまって、生身の人間はその情報を確認するためにあると思っている。女性のほうも、本当は痛いのに「こうされたからには潮を吹かなきゃ」みたいに媚びる。昔のように週刊誌で情報が伝播していった程度だったら、男同士で「こんな技があるんだぜ」「やってみてぇな」というヨタ話で済んだんだけど。

湯山　今はお手本ができ上がってるからね。でも、それにしたって「そうじゃなきゃダメ」っていう思考回路に自らを縛りつける人間のなんと多いことか！

二村　それじゃセックスは面白くないですよね。

湯山　セックスしたほうが、人生のまっとう感において充実する。挿入ありきのセックスでなくても添い寝でもいい。体温だよね。皮膚の触れ合いから得られる信頼感はどんな精神薬よりも凄い。人生戦略としてなくてはならないもの。

二村　セックスしたいうちはセックスできる相手、セックスしなくなってからも触らせてくれてお互い尊重できる相手は身近にいたほうがいいね。

湯山　同性でもペットでもいいから触ってみましょう。

二村　肉体を感じるのは、そこからですね。

あとがき

本書のために、湯山さんと話し、構成された原稿を読み、言葉を足したり直したりしていくのは非常に時間がかかった。最初にお話しさせてもらったのが2013年の4月だから、本になるまで丸3年以上かかっている。

なぜかというと、湯山さんがこのあとのあとがきで書かれているように「大きく方向性を変えた」ためというのもあるが、僕のほうで時間がかかったのはもうひとつ理由があった。怖かったからだ。

というのを、「怖い」と書くべきか、「恐い」と書くべきか考えた。「恐」という字は、恐竜みたいな、知恵を使ってうまく逃げれば命は助かる、やりすごすこともできなくはないものへの感情を表しているように思えたのだが、どうだろうか（恐妻家というのは、妻のことをそういう存在だと感じているのだろうか。だとすると、その認識はヤバいのではないだろうか）。湯山さんは恐竜ではない。敏感でシビアで、重要なことを見逃さない人だ。「怖」という字が示すのは、恐よりこわいことで、当人自身の問題というか、今は逃げ切れたとしても、結局は逃げることができないものへのおそれだと、なんとなく思えた。

僕は、女性と対話をしていて怒られることがよくある。僕の発言が、「じつは自分にとって都合のいいこと」だったとき、それを見逃さない女性から突きつけられて、僕はそのたびに謝る。それがだんだん芸風になってきているような気もするが、今回は「都合がいい」どころか、湯山さんからは「二村は自分でキモい状況を作りだしているのではないか」と指摘されていた。それを本にするのがさすがにいろいろ怖かった。いちいち謝っている場合じゃなく、かろうじて謝れたのは「かつてはクンニをしなかった」という過去くらいだ。

だが突きつけられて、怖がりながら考えているうちに、そこからは、僕一人のことにとどまらない日本の多くの男女の根深い問題が浮かび上がってきて、こういう予定調和的でない本になった。時間をかけただけのことはあったように思う。

でき上がった最終ゲラを読んでもうひとつ思ったのは、「湯山さんは過剰な人ではあるけれど、変態ではない」ということだ。

過剰でも変態でもどっちでもない人にとって、これからはきつい世の中になっていくだろう。インターネットや女性誌でかまびすしい恋愛論、中高年男性誌でのセックス特集、変態性のないまるでファストフードのようなアダルトビデオの粗製濫造、少子化を止めたいんだか進めたいんだかよくわからないとんちんかんな政治家、ツイッター上でフェミニストと男性オタクが叩き合っている構図もそうだが、ますます断絶が深まって、過剰でもなく変態でもない「普通の人」同士で傷つけ合って疲弊して、みんな困惑している印象を受ける。

過剰になれない人でも、こっそりと変態になることはできる。承認欲求が強すぎると不健康な変態になってしまう危険があることは本書でも述べたが、地道に楽しく健康な変態を目指せばいいのであって、とくに女性でそういう人が増えればさまざまな困惑が解決するんじゃないかと、僕は真面目に考えている。村田沙耶香さんの『消滅世界』（河出書房新社）という小説を読んだら、めちゃめちゃ面白かった。まさにセックスが消滅していく世界を描いておりグロテスクではあるのだが、こういう過剰な文学に親しむことで、思いやりのある優しい変態の視点を得られるように思う。

だが、湯山さんがおっしゃるように、僕は「性に人間性の回復を期待しすぎ」であり、そもそも、ほとんどの人間は変態ではないし、変態になることを望んでいないのかもしれない。湯山さんのようなリアリストにそう言われると、そんな気もしてくる。30年後くらいの普通の日本人は、どういうふうに恋をしたり愛し合ったりしているのだろうか。心配というより（心配しても仕方がない）とても興味がある。

湯山さん、構成を担当してくださった安楽さん、幻冬舎の竹村さん、本書をご購入くださったみなさん、どうもありがとうございました。

二村ヒトシ

あとがき

編集者の竹村優子さんから、この対談本の企画が持ち込まれたときには、まさか、内容がこのようなシビアなものになるとは思ってもみなかった。男性への憎しみ、ルサンチマンが自分の中にあまり見当たらず、どちらかと言えば男好き。男性とのコミュニケーションや人間関係でもわりといい目を見てきたと思われる私と、AVの現場で数々の女性の性と向き合い、これまた女嫌いになることはなく、男性に向けても、メンズリブとも言える言説を世の中に発表している二村ヒトシさんとの対談に、一番最初に編集者が期待したのは、この時代だからこそのポジティブな「セックス万歳」論だったのですよ!!

確かに齢五十歳を超えた私たちには、実体験からも、そして周囲の人間たちの実例からも、セックスが人生にもたらす奥深い味わいについては、大いに語る言葉がある

(何せ、セックスは、音楽や文学作品のようにその快楽を他人も享受できるものではなく、徹底的に個人的な、一代限りのものでもある)。とすれば、「こんなイイもんを、人間としてイタしてないのはもったいないだろ」という確信のもと、論を展開すれば良かったのだが、そこにひとつの冷たい風が入ってきた。それは、「セックスは良きもの。充実させて、楽しむべき」という、私たちが信じている前提が、すでに崩壊し始めているのではないか？　という実感だった。

自著『四十路越え！』では、女性の人生に大きく影響を与え、皆が疑いもなく信じきっている「恋愛」を因数分解し、セックスの言い訳や結婚の前提としての「恋愛と称するものの正体」を提示した筆致からすれば、セックスもまた、恋愛同様、「そうすべき論」で展開すべきではない。果たして、エンジョイなのか、そうじゃないのか、結論を決めずにふたりで考察して行きたいという考えが、俄然持ち上がってきて、一回目の対談が終わった後に、二村さん、編集者と話し合い、大きく方向性を変えた。

たとえば、セックスレス問題。世の中はこのことを憂う方向にあり、ＮＨＫや朝日新聞などでも取りざたされ、メディアでもその解消法の記事が花盛りだ。しかし、既婚者の私の実感、周囲の多くの友人たちも含め、「新婚ならばまだしも、結婚した相手とセックスするなんて考えられない」という声が圧倒的。そこには、「夫（妻）は家族になっちゃったから、家族とイタすことは自分のセックス観としては有り得ない」という、日本のセックス文化（教育も含めて）の問題が頭をもたげてくる。

若い世代は若い世代で、生身の異性とのセックスを避ける「草食」は常態化。女の子といっしょのベッドに入っても添い寝でいい、という話は若い男性の「それもアリだよね」だし、女の子とセックスするために、車の免許を取り、無理して一流レストランで奢ったりする努力は、その意味すらわからない行為となってしまっている。

男性としては最も激しい性欲が体の中を駆け巡るはずのその青春期、ムラムラの収め先は、もっぱらインターネットを中心とした二次元のポルノグラフィが大半。女性の方も、セックスは愛する男の人の手によって欲望を教えてもらうもの、から、女にも性欲があって当たり前という認識に変わっているので、自分で処理して何が悪い？　という、マスターベーション・タブーがなくなって、これまたBL、または広義にはジャニーズなどの二次元とエンターテインメントに、リビドーを多く取られてしまっている。

つまり、生身のセックスは「めんどくさーい」。と、これが、今、そして今後の日本の全世代の男女の大本音なのだと思う。セックスにおける個人的な快楽哲学がすでにあるヤリチン&マン諸氏と違って、好きという感情からセックスに至りたいと思う普通の男女は、まず好き、を現実化するためのコミュニケーション時において、自分の思い通りにならない生身の他者との接触によるストレスを乗り越えることができなくなっているのだ。他者とは、母親のように無条件で自分を愛してくれるわけでもないし、理不尽に自分を傷つけてもくる存在だからだ。そして、たとえセックスを固定的にする仲になったとしても、そのマンネリを打破する努力が、これまた面倒くさい（たとえば、熟年夫婦のスワッピングパーティ参加は、日本では「ようやるわ」の域）。家族同様になっちゃったからムリ、という夫婦間のセックスレスの信条が、カップルにも「自然と」起こってしまうのである。

面倒くさい、という感情は、何かに疲れていて、動きたくない、という心証だが、いったい、何で私たちはそんなに疲れているのか、という根本的な疑問が浮かんでくる。逆に、面倒くさくないものは何か、といえば、それは自分が傷つくことなく受け身として、存分に楽しめるものや仕掛け。そう、日本ではお金さえ払えば、そういった「お客様は神様」なエンターテインメントは膨大に用意されている。それらには、才能のあるクリエイターたちが「人を楽しませる」ことに骨身を削った末の、完璧で精度の高い快楽があり、デートやカップル行動なんかよりも、安心安全で、期待を裏切られることもない。

日本の性教育は、年ごろになったら「自然と」目に入るポルノグラフィから学んでいく、というのが常道だ。しかし、そこに存在する物語は、依然として、男性の力と支配、対して、女性の受け身と暴力を快感と変換するマゾ的心情が描かれ続けている。その物語でもって、マスターベーションの欲望回路を肥大させてしまうと、もし、男と女が本当に「いっしょにいて楽しい」だとか、お互いの尊敬などという「良き感情」をもとに愛し合おうとすると、もうそこにポルノ的侮辱テイストのセックスを持ち込めなくなってしまっている（愛する人とあんな不潔なセックスは、できれば子作り以外はしたくない、という意を述べた、若き社会学者もいる）。つまり、私たち日本人の性文化は、人間的尊敬がそのまま性的リビドーに繋がる快感回路をほとんど持ち合わせていないのだ。そのあたりは、この対談のクライマックスとも言えるところで、二村さんが試みている、オルタナティヴなＡＶ作品についての言及が非常に刺激的だった。

もともと、セックスはふたりだけの営みであり、秘め事であった。公私で言ったら、完全に「私」。しかし、世にあふれるセックス情報は、「公」の基準で満ちている。つまり、セックスには人並みの基準があり、ふたりでいろいろ試してお互いの快感を探るよりも、お手本通りにするべきだという考え方だ。私などの世代では、よく親から「人は人、ウチはウチ」と言われ、家庭それぞれの「私生活」の部分は違っていて当たり前、というモラルがあったが、今は、その「私」というものが、「公」と違っていることを不安に思う空気が圧倒的だ。他人と違う「私」をキープし続ける力がなく、常に「公」に受け渡して安心する。セックスだけの話ではない。これは今、私たちが急速に慣れ親しんできている考え方で、問題はそれが徹底されると、人生が損なわれることが多くなるというところ。当たり前だけれど、「私的」な部分こそ、その人の本質であり、そこが充実しないことには、生活、そして人生の満足が得られない生き物が人間なのだから。

私たちのセックス観は、成熟した男女が自由に相手を選び、自由競争だからこそ、選ばれない男女もいて当然であり、その現実のもと、相手と身も心も解け合って一体になれれば本望、ということになっているが、そのことが、完全に「絵に描いたモチ」になっているのが今。つまり、セックスはこの世の中、普通の人間が普通にできる欲望行為から、一種の贅沢品になってしまっているのだ。

贅沢という意味は、本当にそのまんまだ。私たちはリアルセックス無しでもそれなりに幸福に生きていかれる、というツカミをすでに得てしまっている。もちろん、セックスはあったほうがいいが、そこにエネルギーを投じても損するほうが多いかも、と考えがちな時代と環境に突入している。そういう状況下における豊かなリアルセックスは、そのことに非常に興味があり、欲望と意思がある人間が手に入れればいい、という嗜好品、いわば贅沢品だ。琵琶湖の湖北にわざわざ鮒鮨《ふなずし》を食べに行くグルメがいるが、セックスライフを享受している人は、そんな輩《やから》にも見える。そんなグルメを一般の人が「ああ、自分もそうなりたい」と羨むのではなくて、「そういう快楽が好きな人もいるよね」というような意味での贅沢品。

対談の後半は、名実ともにセックス方面のグルマンである二村さんが、器具やテクニックを駆使した性的快楽の追求を提示してくれているが、そんな幸福の道が目の前にあるのにもかかわらず、多くの人はそれを実行しないだろう。わざわざ、鮒鮨を食べに行かないように。

60年代後半、ジェーン・フォンダ主演の『バーバレラ』というB級SF映画があった。そこには、手を合わせるだけでセックスと同じ快感を得られる未来人が描かれていて、最終的に彼らは、地球人のおかしなやり方、つまり、下半身を使ったセックスのほうがイイ、という結論に達するのだが、今後の民意は前者の手合わせでオッケー、なのではないか。いや、現在の科学をもってすれば、本気でそういう商品がＡＩ、人工知能の方面からも開発されていくだろう。そういう予測も立つところに、このリアルセックスの問題の深さがあるのだ。

最後に、セックスを語る長い旅に最後までフルパワーで付き合っていただいた二村ヒトシさんに最大の感謝を。対談をまとめていただいた安楽由紀子さん、そして編集者の竹村優子さん、ありがとうございました。

湯山玲子

文庫版あとがき

本書は4年弱前の対談だが、テーマとして据えた「日本人はもうセックスしなくなるのかもしれない」は、より現実的になっている。原因のひとつは日本中に吹き荒れたベッキー不倫を始めとした数々の不倫スキャンダルだ。不倫＝悪行、したがってその証拠となるセックスは取扱注意であるというモラルを我々にたたき込んだ。「既婚者の婚外セックスは犯罪同様の社会的制裁がある」という恐怖心は、性愛ありきの恋愛が、人間の基本的な情動として肯定されるものから、「なるべくなら避けた方がいい」シロモノになり下がったのだ。

ならば、夫婦同士のセックスはどうかといえば、「家族になった相手に欲情は不可能」という感覚は旧来のまま。セックスレスを本気で突破しようと、欧米で当たり前にかつ真剣に実施されているカウンセリングも、スワッピングパーティも未だ色モノ扱い。「良好な夫婦関係をつくりあげるコミュニケーションとしてのセックス」などは、馬の耳に念仏であり、世の中のほとんどの夫婦は、セックスレスが実情で、性欲発散と恋愛ファンタジー以外のやり方を学ぼうとしないし、その機会もない。

そして、最大級の黒船が、セクハラに対する大きな意識変化だ。もちろん、当時からセクハラは問題視されていた。しかし、性暴力を実名顔出しで訴えた伊藤詩織さんの一件で取りざたされたのは、「合意はなかった、いやあった」という合意問題であり、「お互いの合意がないセックスは性暴力」というモラルが今や一般に完全に浸透したといっていい。

この認識はまったくもって正しいが、ただし、セックスのリアルアプローチは致命傷を負う。なぜならば、日本伝統のセックスの同意表示は「嫌よ嫌よも好きのうち」で行ってきたからだ。

嫌よ！　と女性がいっているのだから、これは「同意なきセックス」。しかし、男性はその場に及んで、言葉のウラに隠された「ＯＫ」を読み取って、ワイルドにコトを進め、女性の方も言葉と裏腹に燃え上がる、という展開は、「急に攻めてこられて思考停止」というバリエーションを含め、ほとんどの性愛コンテンツの常套句である。そんな「教育素材」でセックスを学んできた私たちが、どうやって、「同意あるセックス」に移行できるというのだろう。

「嫌よ嫌よも好きのうち」（以下、嫌スキ）は、下半身の欲望と他者への支配力という男らしさの心理的手応えが結託した、男性にとって最大級の欲情トリガーである。性的に無垢な存在、もしくはお高くとまった高嶺の花が、「嫌よ」という言葉と裏腹にオレの行為に反応して理性をなくして、溺れていくことへの快感回路は根強く（AVだけでなく、気の利いたテレビドラマ、およそ、アニメや小説などの大半はそこを狙う）、女性にしても、やりてえ、といった瞬間に男性からドン引かれるといったような、おのれの性欲を積極的に解放するソンな方向ではなく、嫌スキセオリーで受け身の快感を欲情トリガーにしている。

そういう、伝統的セックスコミュニケーション文化の中で、私たちはいかにして、「同意ありきのセックス」の欲情トリガーを手に入れられるのか？　支配力と暴力性という、即効性あるアグレッシブな感情、及びソレにマッチする「受け身の恥じらいモード」を使わないやり方であり、それこそ、英語のメイク・ラヴのような意識と手法を、果たして普通の日本人たちが実践できるのだろうかという話である。

対談を読み返して改めて感じたのは、現役のＡＶ監督である二村さんの、セックスに関しての実に豊かな体験と見聞である。彼がセックスの多彩で繊細な快感と情感のレイヤーを経験できたのは、彼がプロとしての立ち位置で、実践と自分へのフィードバックを行ったからに違いない。さて、そこでちょっと想像してみたいのだが、二村さんがＡＶ監督でなかったとしたら、果たしてこれだけの性の快楽を追求できたのかどうか？　数自慢のスペック野郎や承認欲求系ではもちろんない二村さんが、現実の女性と豊かな性的体験を重ねていくのには、実はかなりの障壁があるのだ。

セックスが仕事であるＡＶ女優と違い、最初から「レッツエンジョイセックス」というステージには立てていないのが一般的な女性。彼女たちをその境地に持って行くことはできるが、その間に立ち上がってくるのが、恋愛関係におけるカップルの約束事であり、面倒くさいことこの上ない（セフレ状態を謳歌できる女性は本当に少ない）。ひとりの女性とだけのセックスを追求するというのは望ましいし、それが結婚相手だったら超理想的だろうが、現実にはレアケース。そう、二村さんの豊かな性の快楽体験は、「すでにセックスに（職業的に）同意していて、しかも単発でオッケー（これも職業的）」なＡＶ女優という女性の存在があってこその特権的なものなのだ。

本当にこれは、システムの問題なのだ。私たちが自分の身体でセックスを謳歌し、愉しむためには、ＡＶのプレイヤーたちのような環境、最初からセックスに関して肯定的な、つまり、人から全く後ろ指を指されないし、羞恥や自虐に陥る視線が入り込まない「場」が必要なのである。

ゲイのみなさんは、ハッテン場という「セックスに同意している」ことが前提の出逢いと実践の場を持っている。セックスだけが目的なので、ワンナイトスタンド、かつ乱交も大アリで、そこに集う人がそれによって卑下されることも罪悪感を抱くこともないという、性の快楽道場。

ヘテロにも、乱交パーティやスワッピング、ハプニングバーがあるじゃないか、という話だが、ゲイのハッテン場のような安定感はなく、法律にひっかかる可能性もあり、まったくもって一般的ではない。それも当たり前で、カップルではなく不特定多数と性的快楽の追求を行う人間というのは、世間的には後ろ暗い存在である（ハッテン場に集うゲイの人たちにもそれはあると思うが、ヘテロのほうがより「まともな男女関係」に近いだけに罪悪感は強いだろう）。ちなみに、ハッテン場、男女というワードで検索されたチャットには、「そんなところにいる女はブスかデブかメンヘラ」というコメントがすぐ出て来てしまう。世間と空気で成立している日本人の生活感覚からは、ほど遠い「場」なのだ。

さて、相互監視の圧がますます強まり息苦しく感じる一方で、グローバルには人々の価値観は確実にリベラルになっている。これは政治の話ではなく、人々の中に、多様性、少数派意見への配慮、男女平等、差別撤廃、人権そして、フェアネス（これに反する忖度や既得権という言葉は一般化した）などの意識が急速に高まっている。前述のセクハラ問題も、MeToo運動で、多くの権力者が失墜したほどの潮流だ。

その点からセックスを考えてみると、実はこの流れにいろいろと差し障りがあることが分かってくる。リアルセックスの現場には、取り繕うことができないナマの感情が立ち現れる。キモい、クサい、ブス、垂れ乳、デブ、ナニが小さすぎ、声大きすぎ、などなど。それを多様性として、欲情に結びつけられればいいが、それができる人は希少。それこそ、AVだったりの職業以外は難しいだろう。人を傷つけてしまう本音が自分からわき起こり、また、合わせ鏡のように自分が相手から傷つけられる可能性がある、決して平等ではない現場がセックスなのだ。セックスしたばっかりに、いや、セックスしようと相手に働きかけて失敗したとき、その相手に対して発生する負の感情に対しての恐怖と、人を選別せざるを得ない心理的負担は、リベラルモードで生きる人々にとっては、迷惑千万だろう。

それを乗り越えていくのが「愛」なのだと思うが、これがまた難物で、世の中に多数存在しているのに、自分の中でそれを真の意味で自覚し意識に落とし込んでセックスの現場で実行していける人間は少ない。残念ながら、多くの人間は「愛」という存在に目覚めるころには、セックスの一大エンジンであるホルモンが少なくなる、中高年になってしまうのだ。

初出の4年弱前と違う世間のモードは、AIのリアリティだ。コンピュータの技術が、自ら人間より賢い知能を生み出すことが可能になるというシンギュラリティや、多くの労働力がAIに取って代わられる未来がまことしやかに語られる中で、本当に早めに実現しそうなのが、高齢者、身体障害者のセックス疎外にも寄与するセックスロボットだ。

いいんですよ、もうリアルセックスは!!　人間関係にソレを持ち込むとろくなことがないし、危険すぎる。すでにセックスはプロのサービスとして職業化されてはいるが、その従事者もまた人間である限り、やりたい放題ではない。抵抗感、罪悪感なしに利用できるのはほぼ旧来思考の男性。女性、そして前述したような意識を抱える若い世代の男性にはハードルが高い。

ＴＥＮＧＡという、オナニーホールのカジュアル化が受け容れられ、女性にも同様の流れができている下地に、ＡＩが参入してくる。究極は、「私の好きなアイドルの顔をして、私の萌えポイントである言葉や愛撫、挿入技術を搭載したセクシーロボット」ということになるだろう。触覚や嗅覚も守備範囲のマッサージチェアとバーチャルリアリティが融合したシミュレーションタンクならば、早期に現実化しそう。芸能界のアイドルは、グラビアだけでなく、その肖像権で稼ぐようになるだろうし、アニメの美少女、二次元のイケメンも全て「お相手」になるはず。

その昔は浮世絵、そして未来はセクシータンクアンドロボ。生身のセックスよりも、セックスファンタジーに遊ぶ方が好きな日本人が、これまたお得意の職人技を発揮すれば、一大産業になりそうである。

湯山玲子

文庫版あとがき

２０２０年のお正月にこれを書いている。本書を単行本で出してから3年半と少したった。日本の社会で暮らす人々は、あのころよりさらにセックスしなくなっているのだろうか？

人々の気分はどう変わったか？　若者たちの間ではモノガミー（単婚、あるいは一対一恋愛）指向が強まっているんだそうだ。これは中学校や高校の教員をやってる友人から聞いた。リア充タイプの少年ほど、すぐ女の子とカップルになっちゃって、なんなら早めに結婚したがるという。平和で健全なのだ。リア充であるのをいいことにいろんな相手とセックスを試みて経験を積むとか、たくさんの女の子とセックスできるキャラを誇示するようなことはしない。そっち方面で承認欲求を満たす感じじゃないのだろう。他人や自分を傷つける可能性があることはダサいのだ。お行儀のいいリア充が増えている、余裕ある子が安定を求めて冒険しなくなる傾向は、景気が悪くて先行き不透明な時勢と無関係ではないようにも思える。一方、彼氏をとっかえひっかえする女の子は、それだけでメンヘラであるとされ、本人もそのように自虐的に自称するのだという（しかしそれではちょっとメンヘラのハードルが低すぎないか）。

昔は明るい男女こそセックスをしていて、暗い若者がオタクになったものだ。最近では、さっさとくっついた明るい男子と女子が二人で家で仲良くゲームをやって動画を見ているのだろう。そしてさっさと結婚して子どもを作って、さっさとセックスレスになってしまう。やがて離婚することになる夫婦も少なくないだろう。

出会い系にはチャラ男ではなく、根が暗い男の子たちが生息している。ナンパ必勝法みたいなものをインターネットで学習して、自称メンヘラの女の子たちとマッチングはする。しかしその後がおたがいあまり楽しくなくて、深入りせぬまま交際や結婚には結びつかず何人かと出会っては連絡しなくなりを繰り返す。そうこうするうちに出会うことにも疲れ、男女ともやがて恋やセックスから遠のいてゆく図式のようだ。

精神を安定させてくれる仲良しの彼氏とは結婚前からレスで、だからこっそりセフレをこさえ、それでかえって彼氏とはレスのままでうまくいってるという女の子の話を僕のまわりでは最近わりとよく聞く。湯山さんが例として話してくれた不倫する妙齢の女性たちより、だいぶ若い。まあ、まだ数としては多くはない、ごく一部の女の子だろう。賢いと思う。そういうのを「依存先の分散」と呼んでいいのかどうかは知らないが、昔はそういうことをするのはほとんどが中年男性だった。性欲はあるが平和に生きたい若い女性が内緒でそれをやってはいけないということはない。

最初から生身の女性に興味がなく、アイドルやエロいコンテンツのほうがいいという男の子もさらに増えた。AIやCGの技術は日進月歩、リアルタイムで反応してくれるV-Tuberなど今や百花繚乱だ。可愛らしいアバターの〝中の人〟がじつは男性であるというのも珍しいことではなくなった。テクノロジーを使った女装。日本人はいろいろと性に関して一見奇妙で（じつは本質的で）器用なことを考え出し実用化する。そして実際のセックスや恋愛においては不器用。

日本人は、というかそもそも人類は（とくに、そのマジョリティであるノンケの男性は）ナマの恋愛やセックスという行為にそんなに向いていないのかもしれないと僕は思うようになった。高度成長・国民皆結婚時代のお見合い制度全盛からバブルの自由恋愛至上主義までの時代は、日本全体がカンフルかシャブを打たれていただけだったのだ。

本書での湯山さんの「男たちが、自分の性がはらむ暴力性にウンザリしてきている」という指摘は慧眼だったとつくづく思う。その傾向は近年ますます強くなってきている。だって誰だって嫌われたくはないしセクハラで訴えられたくはないしMeTooもされたくない。生きている他者に欲望をぶつけるのは恐ろしいことだと、今の多くの男性たちは思っている。そう思ってない男は時代遅れでヤバい男という認識になりはじめている。

それから初対面である僕がAV監督であると知ると「日本のAVって女性が嫌がってるのを無理やり犯すのばかりですよね。私はAVのことはあまりよく知らないのですが……」と言う女性も増えた。そんなの「ばかり」だというのは事実誤認なのだが、それがAVをあまりよく知らない普通の女性である彼女が抱いてしまっている印象なのだ。

じゃあ、どういう男がセックスできているのか。自分からは女性を深追いせずセクハラになるようなこともせず、だがセックスは好きだし性欲もあるという表明を、女性を不快にさせないスタイルで普段から欠かさず「いつでも、こちらはウェルカムです」と言い続けている男だ。めんどうくさくなくて、だが女に恥もかかせない男。

それと、普通の人がイメージする〝セックス〟をしているのではないが、ハードなマゾヒストの男性たち。よくいる「ボクMです……」みたいなヌルい受け身系男子ではなく、ガチの彼らはみんな性的にイキイキしていて、女王様たちから「あいつら自由すぎる」と呆れられるくらい自由だ。彼らは女王様に依存しているようでいて、じつはしていない。彼らは自分の身体性を、言い換えれば〝自分の欲望〟を自分でよく知っている。

僕はどうだろう。どう変わったか。55歳になったが、性欲は昔より強くなっているように感じる。いろいろなことを思い浮かべながらオナニーは毎日している（さすがに射精は毎回はしないが）。この3年半と少しで知ってる人がずいぶん死んだ。僕もいつ死ぬかわからない。死ぬまで「こちらはウェルカムです」と言い続けていたい。みっともないかな。

二村ヒトシ

解　説――もっと性を

千葉雅也

二村さん、湯山さんは、若さの勢いに任せてセックスをするような年齢ではなくなった、大人のお二人である。僕にしてももう、若さの勢いに任せてセックスをするような年齢ではなくなってしまった。

昔、僕の指導教員だった中国哲学の中島隆博先生が、深い意味があったのか何なのか、性が問題なのは若いときだけです、と言ったのを思い出す。あれは昼間だった。どこだったか忘れたが、その周りの、穏やかなクリーム色の光を覚えているような気がする。

本書の話題は多岐にわたり、セックスが面倒なものとなっていくという世の趨勢《すうせい》を背景として、セックスの「良さ」を回復しようとする。ただし決して単純なセックス礼賛ではなく、セックスの否定的面を繊細に論じながら、それでもポジティブな可能性を開こうとする困難な試みなのだが、全体的に加齢が大きなテーマとなっている。

世の中は脱セックスへ向かっている。というのは、いろいろな側面から言えるのだと思うが、そのことと、著者たち自身が加齢によって脱セックスしていくことが重ね合わせられている。というか、意地悪く言えば、自分自身が年のせいで脱セックスしているから世の中が脱セックスしているように見えるというバイアスもあるかもしれず、また最近の僕にもそういうところがあると認めざるをえない。という面はあるが、だとしても、セックスや性的表象への忌避感が日本のみならずグローバルにも前より強まっていることは、ネットで日々繰り広げられる言い争いを見ていて思う。

性的放縦は、確かに若者の特権ではある。

僕はフランス現代思想が専門だが、僕の研究ではつねに性の問題をどこかで扱ってきた。修士論文をドゥルーズで書いた後、博士論文のテーマで迷っていた時期に、性のことで書きたいと中島先生に相談したことがある。確か冬のパリの街頭だった。そのときに先生は、正確には忘れてしまったが、それはまだ抑えておいた方がいい、というようなことを言った。僕は思い切ってそこに行くぞと勇んでいたので、出鼻をくじかれる格好になった。あのとき先生は何を思ったのか、いまでも想像がつかないいまだ。

結局、テーマは二転三転し、あるときはライプニッツに興味を向けたりもしたが、やはり修論を引き継いでドゥルーズでやるしかないとなった。結果、後に『動きすぎてはいけない』となる博論ができて、そこではドゥルーズ論という枠内でセクシュアリティのそれなりにラディカルな議論を展開することになった（第四章のニーチェ論）。結果としてそれでよかったと思うし、あのときクィア研究のようなものを直接やろうとしていたら、いまの僕のキャリアはなかったかもしれない。

性が問題なのは若いときだけです、と中島先生がおそらく唐突なタイミングで言ったのは、博論の時期よりずっと前のことだ。修論の最中だったかもしれない。

かつて先生は『事典　哲学の木』という独特な哲学事典の編纂に関わっていて、そのなかの「性」という項目を書いていた。ひじょうに暗示的な内容で、当時の僕はその濃密な文章にメロメロになってしまった。それはこんなふうに始まる。

愛を性に反する欲望として理解することはできないだろうか。ここで性というのは、セクシュアリティに限定されない、生殖も含めた生一般の形式であって、生まれながらの本性とか、姿形、あるいは姓とも通じる「性」の古義を響かせている。そうすると、愉快なことに、それはラテン語の genus（出生、種類）とも遠く共鳴し、それに由来するジェンダーやジャンルにまで接続する。

（『事典　哲学の木』講談社、六〇七―六〇八頁）

最後の一文、「愉快なことに」という不敵な笑みのようなものにショックを受けた。この短さのなかで性の多義性を存分に遊ばせ、そして「愉快なことに」それはアジアからヨーロッパへ飛び越えて、いわば「横断そのもの」が問題にされる。性に反する愛を語るその語り方が、特定の出自から抜け出している。つまり、性に反する横断的言説になっているわけだ。この短さでそこまでを圧縮的に演じてみせるこの筆勢。

性にはいろいろな意味があるが（nature, sex, sexuality, gender）、いずれにせよ、本来のあり方＝同一性とそこからの逸脱＝差異という緊張関係こそが性である。その緊張関係そのものが。だが、緊張関係を生きることは不安だ。だから人は、性を何らかのレベルで絶対的に固定したくなる。だがそれは、むしろ性を無《な》みすることなのだ。性の絶対的な固定は、同一性と差異の緊張関係を無みするという意味で、性を無みすることなのだ。不安な緊張関係そのものを徹底的に生きなければならない。性（という緊張関係）を徹底的に生きること、それが、性（の固定）に反することとしての愛なのである。

　性に反する性としての愛。年をとるとわかってくるのはそれなのだろうか。生来のという意味での性の（生の）勢いは弱まるのだから。衝動的な性ではなくなる。すると、ある種のパフォーマンス、儀礼的ふるまい、構築された演出が問題になる。文化的性。

　湯山さんは、やはりホルモンの問題だ、と言う。

そうだと思う。加齢と共に明らかにテンションが下がる。僕にしても、深夜にチャットで出会った男とヤるためにすぐ車を出して埼玉の田舎に行って明け方戻ってくる、なんてことも平気だったが、そんな瞬発力はもう失ってしまった。

二村さんに言わせれば、ジャンクなセックスばかりしてきたかもしれない。オナニーの相手として身体《からだ》を貸し合うようなセックス。セックス未満的なセックスは大量にやった。ゲイではそれは簡単だ。フェラと抜き合い程度というのが、ハッテン場のセックスではポピュラーだ。ケツまでやるとなると後始末も大変である。アナルセックスは準備や後始末の面倒さでだんだんやらなくなっていく。

心を重ね合うセックスのすばらしさは、それはそうだ。自分勝手な幻想の押しつけによって不幸な性関係が起きている状況に対し、二村さんが豊かなセックスの、つまり双方向的なセックスの伝道師を任ずるのもよくわかる。

だが、僕がきっと死ぬまでこだわり続けるのは、ゲイセックスのそっけなさだ。それをスポーツにすぎないと貶《おとし》める者もいる。スポーツで何が悪いとも言えるが、そこに貶めの意図があるならば、僕は猛然と抵抗する。ジャンクなセックスは、もし徹底されるならば、愛のもう一つの形になる、と言いたくなるのだ——それは、秩序の同一性という意味での性に、反する性なのだ。自己破壊的な性だ。それは、秩序に揺さぶりをかけるという意味において、より上品に組織化される文化的性の裏面にある愛なのだ。

僕は、駅の便所で罠のように待ち続け、匿名の男たちを立て続けにフェラして精液を絞り出すだけの「性処理便器」の愛を、通常言われるところの「愛あるセックス」の正しさに拮抗させるために、あらゆる知のリソースを駆使するだろう。

僕は二村さんのセックス語りが大好きで、シモの話をこんなにエレガントに語れる人はいないと思う。『欲望会議』でご一緒する少し前から、互いの経験をいろいろ話してきた。僕は、感性豊かなノンケの人にゲイセックスの機微を説明するのがとてもとても好きだ。そういう話は本当に楽しい。高校、大学の親友ともそういう話をしてきたし、そしてまた、妹ともよく話した。

セックスについて肯定的に語るということだけでも、今日の空気においてはレアなことなのかもしれない。公的な場では性を語るべきでなく、私的領域には立ち入らないという規範が強まっている。しかるべくエロ話をする、というバランスは実はかなり難しいことなのだろう。それはエレガントな大人の作法なのだ。

僕は、ゲイなどのマイノリティの理解には、楽しいエロ話が必要だと思う。フワフワしたごまかしで人類愛みたいなものを言っているだけなら、愛の自己破壊性は隠蔽されたままだ。異質な欲望がするどい緊張関係にまで至る「本当のところ」に至らなければ、愛の問題は本当には提起されない。そうでなければ、本当にダイバーシティを考えることにはならない。

セックスは実験だ。だから、こんなことをしたら驚くべきことにこうなった、といった実験レポートが語られる。先に「感性豊かな」ノンケと書いたが、それは、マジョリティだとしても、自らのセックスを単純にテンプレート的に捉えておらず、つねに先鋭的な実験として捉えている人ということだ。二村さんも湯山さんもそうだ。実験としての愛があり、そこには自己破壊性がある。

妹は僕のエロ話を面白がり、僕も妹のエロ話を面白がった。うちの実家は、まあどこもそうだと思うが、性的な話題を強く抑圧する空気があった。そのなかで兄妹は、各人がそれぞれのルートで欲望の真理を探しに行き、あるときに、その秘密を交換することになった。妹は「戦友」だった。妹は、取り澄ました核家族の清潔さを打ち破り、共にエロスの荒野へと走り出して行った戦友だ。

中島先生の「性」は次のように終わる。

性に反する愛。したがって、それは、能動対受動という対立に収まらない不能さであろう。それは、エロス的な合一という夢想を破り、生殖とそれに由来する共同体を断ち切る。また、同時に、情に悖《もと》ることでもあるのなら、それは、情が通じたり、情を同じくする理想に安らぐものでもない。発情から、あるいは情を発することを基礎に置く伝達の共同体から距離を取ることが必要である。しかし、それはかえって、性を異にするものさらには無情のものとの関係を開くだろう。ここでは生の乱調として死が露呈する。そしてその時、あたかも幽霊のごとく、〈わたし〉は他者にとり憑き、とり憑かれるままになる。これは、いわば不能な散種である。だが、これ以上に性的なことがあるのだろうか。

もっと性を。これが性に反し、性の彼方を望む欲望である愛の言葉なのだ。

（前掲書、六〇九頁）

思い出した。そうだ。僕はこの中島イズムをずっと保ち続けてきたのだ。理想的な——というのは、誰も傷つかないということだ——合一に反する。情に流されることに抵抗する。だからこその、過剰な性がある。僕はそれを、ゲイセックスの刹那の体温交換に見てきたのだ。もっと性を。だが我々は老いる。「もっと」のありかはどこへ移動していくのだろう。実験するしかない。性に反し、情に悖り、もっと性を――。

――哲学者

この作品は二〇一六年五月小社より刊行されたものです。

幻冬舎文庫

●好評既刊
女ひとり寿司
湯山玲子

男が幅を利かせる有名高級寿司店に女ひとりで突撃し、主人の品格から常連客の態度、男と女の関係に至るまでディープに観察&考察。あくなき女の冒険心と食への深き欲望を描く痛快エッセイ。

●好評既刊
モテるための哲学
二村ヒトシ

あなたはモテたい。モテてセックスしたいはずです。なのに、なぜモテないのか？　この問いこそが自分自身を知る哲学になるのです。あの上野千鶴子氏も「しびれた」「全男性必読」と激賞！

●最新刊
阿佐ヶ谷姉妹の　のほほんふたり暮らし
阿佐ヶ谷姉妹

40代の女芸人ふたり暮らしは、ちょっとした小競合いと人情味溢れるご近所づきあいが満載。このままの日々が続くかと思いきや——。地味な暮らしぶりと不思議な家族愛漂う往復エッセイ。

●最新刊
貘の耳たぶ
芦沢　央

自ら産んだ子を「取り替え」た繭子。「取り替えられた」子と知らず、息子を愛情深く育ててきた郁絵。それぞれの子が四歳を過ぎた頃、「取り違え」が発覚。切なすぎる「事件」の、慟哭の結末は。

●最新刊
離婚しそうな私が結婚を続けている29の理由
アルテイシア

やっと結婚できたと思いきや、母の変死、父の自殺、弟の失踪、借金騒動、子宮摘出と波乱だらけ。でもオタク格闘家夫との毎日で「生きててよかった」の境地に。大爆笑の人生賛歌エッセイ。